현대 태권도 교본

●韓國의 國技!!

6단 이기도 지음
현대레저연구회 편

태을출판사

첫머리에

태권도(跆拳道)는 우리나라의 국기(國技)이다. 삼국시대(三國時代)부터 지금까지 전승되어온 심신(心身)단련의 무예(武藝)이다.

태권도는 동양(東洋)의 마음(心)을 토양(土壤)으로 하여 오랫동안 이어져 내려왔으며, 갈고 닦으므로 인하여 간단히 호신(護身)을 기할 수 있게 된다.

뿐만 아니라, 태권도는 나라와 민족을 지킨다고 하는, 탁발(卓拔)한 정신력(精神力)을 양성할 수 있는 동시에, 겸양(謙讓)과 관용(寬容)의 정신을 기르는 스포츠이다.

더우기 1980년 7월에는 올림픽 현장에 따른 국제경기로 공인(公認)되는 등, 국제적으로도 높은 평가를 받고 있으며, 어느 곳에서나 매우 사랑받는 스포츠의 하나로 성장 발전하기에 이르렀다.

'예(禮)로 시작하여 예(禮)로 끝난다'고 하는 '무(武)'의 정신을 기본으로 한 태권도를 통하여, 스스로를 연마하여 땀을 흘린다면, 마음으로부터 진심으로 신뢰받는 인간 관계를 만들 수 있게 될 것이다. 그리하여 나아가서는 세계 평화에도 기여하게 될 것이다.

우리의 전통 비권(秘拳)인 태권도를 익힌다는 것은, 바로 '자기 완성(自己完成)'의 길로 나아가는 하나의 방법이기도 한 것이다. 확신과 긍지와 자부심을 가지고 우리의 국기(国技)인 태권도를 익힐 수 있기를 빈다.

편자 씀.

차 례

첫머리에 ─────────────────── 3

서편(序編)

태권도란 ───────────── 10

태권도는 행동 철학 ················· 10
태권도의 정신적 의의 ·············· 10
인격 형성으로의 인도 ············· 10
태권도의 체육적인 가치 ············ 11
중요 관절을 무기화하는 태권도 ········· 12

태권도의 역사 ─────────── 14

태권도의 발생과 그 역사 ············ 14
벽화에서 볼 수 있는 태권도의 원형 ····· 15
신라 시대의 화랑과 태권도의 실증 ······· 16
백제의 무예 ····················· 18
고려 시대의 수박희(手搏戱) ·········· 19
이조 시대의 무예 ················· 20

태권도의 과학 ─────────── 21

힘의 과학과 합리적 사용법 ·········· 21
뉴우톤의 운동 방정식 ·············· 21

안정도, 지지면(支持面), 중심(重心) …… 22
속도(速度) ………………………………… 24
신경(神経) ………………………………… 25
호흡(呼吸) ………………………………… 26

기본편(基本編)

사용부위와 명칭

주먹(Joomeok) ……………………………… 28
등주먹(Deung-Joomeok) ………………… 30
메주먹(Me-Joomeok) …………………… 30
편주먹(Pyon-Joomeok) …………………… 31
밤주먹(Bam-Joomeok) …………………… 31
손날(Sonnal) ………………………………… 32
손날등(Sonnal-Deung) …………………… 32
아금손(Ageum-Son) ……………………… 33
바탕손(Batang-Son) ……………………… 33
편손끝(Pyonson-Keut) …………………… 34
가위손끝(Gawison-Keut) ………………… 35
팔목(Palmok) ……………………………… 36
팔굽(Palkoop) ……………………………… 37
앞축(Apchook) …………………………… 38
뒷축(Dwichook) …………………………… 38
뒷꿈치(Dwikoonchi) ……………………… 38

발날 (Balnal) ································· *39*
발등 (Baldeung) ····························· *39*
발바닥 (Balbadak) ························· *39*
무릎 (Mooreup) ······························ *39*

서는 방법

편히서기 (Pyeonhi-Seogi) ············ *40*
모아서기 (Moa-Seogi) ··················· *40*
주춤서기 (Joochoom-Seogi) ········· *41*
앞주춤 (Ap-Joochoom) ·················· *41*
앞굽이 (Apkoobi) ···························· *42*
앞서기 (Apseogi) ···························· *43*
뒷굽이 (Dwitkoobi) ························ *44*
범서기 (Beom-Seogi) ···················· *45*
꼬아서기 (Koa-Seogi) ··················· *46*
학다리서기 (Haktari-Seogi) ········· *47*

공격기 (攻擊技) ——————— *48*

지르기 (Jireugi) ······························ *48*
내려지르기 (Naeryo-Jireugi) ········ *50*
옆지르기 (Yeop-Jireugi) ················ *50*
치지르기 (Chi-Jireugi) ·················· *51*

ㄷ자지르기 (Jeochyo – Jireugi) ········· **52**
돌려지르기 (Dollyo – Jireugi) ········· **52**
차기 (Chagi) ···················· **53**
앞차기 (Ap – Chagi) ············· **53**
옆차기 (Yeop – Chagi) ············ **54**
돌려차기 (Dollyo – Chagi) ········· **55**
반달차기 (Bandal – Chagi) ········· **56**
비틀어차기 (Biteureo – Chagi) ······ **56**
잡고차기 (Japko – Chagi) ·········· **56**
몸돌려차기 (Momdollyo – Chagi) ··· **56**
뛰어차기 (Twieo – Chagi) ········· **57**
두발당상 (Doobaldang Sang) ······· **57**
뛰어 모둠발 차기 (Twieo – Modeumbal – Chagi) ························ **58**

방어기 (防御技) ─────── **59**

얼굴막기 (Eolgool – Makki) ········ **59**
몸통막기 (Momtong – Makki) ······· **60**
아래막기 (Arae Makki) ············ **62**
옆막기 (Yeop Makki) ············· **63**
헤쳐막기 (Hechyo – Makki) ········ **64**
엇걸어막기 (Eotgeoreo – Makki) ····· **65**
손날막기 (Sonnal Makki) ·········· **66**

형편(型編)

태극(太極)

- 태극 1장 ·· 68
- 태극 2장 ·· 76
- 태극 3장 ·· 86
- 태극 4장 ·· 102
- 태극 5장 ·· 116
- 태극 6장 ·· 130
- 태극 7장 ·· 142
- 태극 8장 ·· 156

고려(高麗) ─────────── 170

- 고려(高麗) ······································ 170

부 록

태권도 경기의 룰 ─────────── 192

서편(序編)

태권도란

태권도는 행동 철학

태권도는 인간이 생존해 있다고 하는 의식을 육체적으로 표현하려고 하는 것과 동시에 정신적인 욕구를 구체화하려고 하는 체육적인 활동이다.

태권도의 모든 동작은 자기 방어 본능을 기본으로 하고, 다음으로 필요에 따라 신념의 작용으로써 소극적인 동작에서 적극적인 형태로 발전하고, 궁극적으로는 절대적인 행동 단계에 이른다. 그것과 동시에 자기를 극복하고, 태아의 경지에 도달하는 철학적 요소를 갖는 체육이다.

태권도의 정신적 의의

인간이 완전한 건강을 유지하고 있으면, 목적있는 활동을 할 때 그 능률은 올라가고, 의욕도 생겨나는 것이다. 그러나 육체적으로 건강하지 않은 사람은 당연히 의욕을 상실하게 된다. 의욕이란 이지(理知) 이전에 정신과 밀접한 관계를 갖으며, 또한 도덕과도 관련이 있다.

태권도는 전신 운동에 의해 인체의 모든 기관에 에네르기를 발생시키고, 몸을 단련시키고, 뇌를 자극하여 발달시키고 강력하게 실행하는 의욕을 개발시킨다.

인간은 단지 살아가는 것에만 만족하지 않고, 강하게, 보다 나은 생을 구하는데, 그러기 위해서는 지(知)와 리(理)를 활동력의 총합체로 하여, 의욕을 육성하는 태권도가 상당히 유효하다. 바꾸어 말하면, 태권도는 사회 활동에 기여하는 것이라고 말할 수 있다.

인격 형성으로의 인도

사람의 몸은, 물리적인 법칙을 벗어나는 것은 불가능하지만, 성장하고, 발달하고 생각하여 운동하는 기계라고 할 수 있다.

이 인간 기계(인체)는 작업에 따라 형태를 바꾸어, 적적한 능률을 올리려 하고 있다. 한편, 정신적인 면에 있어서는 생각, 감각, 이상에 의해 정신 발달이 이루어지고 있다. 즉 인간의 육체와 정신은 표리 일체를 이루고 있는 것이며, 육체적 훈련 없이는 건전한 사고가 생길 수 없는 것이다.

육체 운동에는 강한 것과 경쾌한 것이 있어, 강한 것은 강한 투지와 용기를 키워주고, 담력과 자신을 갖게하고, 부드럽고 경쾌한 운동은 순환 기능을 원활하게 한다.

이런 점에서 태권도가 이상적이다. 투기(鬪技) 중의 투기인 태권도는 강하고 용기있는 사람을 만들어, 만사에 주저없이 선두에 서는 통솔력을 양성시킨다. 그리고 통솔력과 담력은, 모든 일에 자신을 갖게하여 그 자신은 심리적인 안정감을 유지시켜, 가벼이 흔들리지 않는 힘을 지니게 하는 것이다.

또 의연한 태도는 인내력을 만들고, 인내력은 겸양을 낳는다. 겸양은 희생적인 정신으로 자기를 극복하게 하고, 공동의 질서를 유지시키고, 질서 있는 사회를 만들고, 비굴하지 않은 사회 봉사자로써의 명확한 개성을 창조시킨다.

즉 태권도는 바른 품성을 지닌 인간을 만드는 것에 그 근원이 있으며, 애국으로 인도하는 권법인 것이다.

	반응력 → 판단력 → 담력 → 자신
수련	자신 → 자위, 자주 → 자립 → 의연
	통솔력 → 용기, 공동 → 가족 → 애국

태권도의 체육적인 가치

태권도는 전신의 근육과 관절을 움직이지 않으면 안되기 때문에, 한 마디로 말하자면, 종합 운동이라고 말할 수 있다.

인간은 생명을 중요시하여, 그 생명을 유지하기 위하여, 내적·외적 환경에 적응하는 반응으로써 운동을 행하고 있다. 외적인 환경이란, 살아가기 위한 불가분한 관계를 의미하며, 내적인 환경과는 통일된 기능으로써 질서와, 균형을 유지하는 불가변성의 반응을 의미하고 있다.

따라서 살아간다고 하는 목적에 합리적으로 반응을 나타내는 내적, 외적 환경과의 연관성이 통일되어진 질서 과정을, 우리는 '태권도 운동'이라고 한다.

태권도는 팔, 발, 동체등의 전신을 필연적으로 움직이지 않을 수 없게 조직되어 있고, 모두가 과학적으로 그 움직임이 연결되어 있다. 때문에 내적, 외적 환경의 질서와, 기능의 균형을 유지하는 태권도는 인간에게 절대적으로 필요한 요소를 포함하고 있다고 말할 수 있는 것이다.

중요 관절을 무기화하는 태권도

태권도는 인체의 관절 부분을 무기화한다. 돌연, 적으로부터 공격을 받는 경우라든가, 사회 정의나 국가가 위기에 처해있을 때 방패와 같은 무기로써 응용되는 것이 태권도 기술이다.

단련된 주먹은 망치로, 손 끝은 화살로, 손 날은 날붙이 무기로 변하며, 발은 채찍과도 같은 위력을 발휘한다.

이러한 위력을 발휘하기 위해서는 주먹, 손, 발의 관절 등을 무기화하는 태권도의 기본 자세가 있고, 무기화한 신체 각부가 움직이는 작용을 나타낸 기본 동작이 있다. 기본 자세는 이 무기를 자유로이 사용하기 위한 전, 후, 좌, 우, 공·방의 동작을 민첩하게 연결시키며, 실제로 적을 쓰러 뜨리기 위한 '막기, 찌르기, 차기'라고 하는 공격 기본 자세로써는 3보씩 움직이면서 공격하는 것과, 한 발 짝씩 움직이며 공격하는 것이 있다.

이와같이 기본적인 약속에 의해 숙련된 후에는, 조금 전진한 단계인 자유 겨루기가 있는데, 이것은 위험도가 높다. 그렇기 때문에 이런 경우, 중요한 급속을 지키기 위한 기(技)도 있다.

2 미터 이상의 높이를 찬다

태권도는 관절 각부를 무기화한다고 해도, 실제로 인간을 상대로 그 위력을 측정할 수는 없다. 그래서, 몸을 공중으로 떠올리는 등, 여러가지 기술을 구사하여, 기와, 널판지 등의 사물을 격파하는 것에 의해 그 위력을 측정한다.

태권도의 역사

태권도의 발생과 그 역사

　　인간만이 아닌 모든 생명체는, 무의식중에 자기를 보호하려고 하는 강한 본능을 갖고 있다.
　　예를들면, 누군가가 돌연 자신에게 해를 가하려고 할 때, 모르는 사이에 몸을 피하거나, 몸을 축소하여 급소를 보호하려고 한다.
　　이것은 본능 동작이 주체가 된, 소극적인 위급 처치를 하려는 데서 생긴 현상이라고 말할 수 있다. 이것에서 부터 알 수 있듯이, 태권도의 기원은 인류가 하나의 생명체로써 지구상에 발을 내려놓은 그 순간으로 거슬러 올라갈 수 있다.
　　그리고 생활 수단의 일환으로써, 태권도는 점차 구체화되어 필요에 의해 더욱 발달하여, 절대적인 형태를 갖기에 이르른 것이다. 물론 그것은 인류의 생활 환경의 복잡화, 다양화에 대응하는 것이다. 라는 것은 당연하다.
　　생활의 다양화는 바꾸어 말하면, 문명의 척도이며 욕구의 충족을 전제로 한 것이다. 우선 최초는 변화하여 가는 생활 환경에 대한 강한 체력 확보가 요구 되며, 넓어지는 생활 범위를 지키고, 외부로 부터의 침해에 대한 상비책이 필요하였다.
　　태권도가 소극적인 형태에서 탈피하여, 보다 적극적으로 절대적인 형태로써, 변천한 이유가 실제로는 거기에 있는 것이다.
　　인간은 욕구를 만족시키기 위하여, 체험을 거울로 하여 새로운 활동 방법을 생각해 낸다. 그것이 자기 방어만으로 만족하지 않고, 공격력까지를 겸비한 태권도의 형태를 형성시킨 이유가 되었다.
　　인간의 경험과 지혜, 창의 연구가, 태권도라고 하는 유효·적절한 형태를 놓고, 그것이 발전·형성되어 오늘에 이르고 있는 것이다.
　　다만, 고금의 역사가들은 발 기술, 손 기술이라고 하는 오늘날의 태권도에 대한 구체적인 인식 부족에 의해, 사실정리를 한 역사 기록이 많은 데도 불구하고, 그 의미하는 것을 몰라 씨름과 혼동하여 설명하는 잘못을 범하고 있다.

　민족의 변천 그리고 오랜 역사적 전란 중에, 고유의 무예, 태권도가 역사와 운명을 함께 하면서 무형의 문화로써 지금까지 전해지고 있는 것은 기적이라고도 할 수 있다.

　서양 문화는 석조에 의한 문화이기 때문에 수천 년이 지나고, 전쟁을 겪으면서도 오늘까지 남아 있을 수 있다. 그러나 목조에 의한 우리 선조의 문화는 전화에 의해 재가 되고, 많은 벽화의 모습도 볼 수가 없다. 이런 상황 하에서, 분묘의 석실 속에서 발견되는 태권도의 유품을 대하는 것은 참으로 감격스러운 일이라 하지 않을 수 없다.

　여기에서, 지금도 남아있는 태권도의 몇가지 유품을 소개하겠다.

벽화에서 볼 수 있는 태권도의 원형

　고구려의 시조 주몽, 동명성왕이 북부여에서 남하하여, 졸본에 정착하여 거기에 도읍을 정했다.

　고구려의 영토는 백두산을 중심으로 한반도의 남쪽을 제외한 전 지역과, 중국의 만주(현 동북 지방)를 포함한 광대한 국가였다.

　태권도는 이 만주에 위치한 고구려 국도의 고구려 고분, 현실 벽화에 의해 그 원형을 입증할 수 있다.

　각저총(角觝塚)의 벽화에는 두 명의 사람이 양 어깨를 서로 잡고 씨름을 하고 있는 장면이 그려져 있고, 무용총(舞踊塚)에는 고구려 사람들의 생활과 여성들의 춤추는 모습을 세밀하게 그린 것이 남아 있다. 또, 현실 천정에는 두 명의 어른이 서로 태권도의 상대 겨루기의 자세를 하고 있는 것이 묘사되어 있다.

　고구려가 424년 후, 427년에 평양으로 천도하기 까지 고구려의 사람들은 거기에 무덤을 만들었기 때문에, 이들 벽화는 태권도가 그 경 번성했다고 하는 것을 단적으로 입증해 주고 있다고 말할 수 있을 것이다.

고구려에서는 풍속화를 무덤의 벽에 그리는 것이 습관으로 되어 있었다. 즉 그 당시 이미 태권도는 벽화로써 그려질 정도로 보급되어 있었고, 필연적으로 배우지 않으면 안 될 국기(國技)로써 되어 있었던 것이 아닌가 생각된다.

또, 불가피한 전쟁 때문에도 무인들이 태권도를 필수 과목으로써 훈련했던 것같다. 그것은 삼실총의 벽화 무인 공성도에서도 밝혀지고 있다.

이와같이 태권도의 원형이 벽화에 나타나 있는 것을 보면, 고구려의 사람들은 벽화에 그려지기 이전부터 태권도를 행하였을 것이며, 태권도 사상 자체도 사람들 속에 깊이 뿌리를 내리고 있었으리라 추정된다.

신라 시대의 화랑과 태권도의 실증

신라가 건국되어진 것은 고구려 보다 20년 빨랐었는데(BC.57년) 건국 초기에는 고구려의 위세에 눌려 지금의 경상도 지방을 중심으로 한, 사방을 강국에 둘러싸인 작은 나라에 지나지 않았다. 그러나 신라는 강국에 굴하지 않고, 건국 이래 725년이라고 하는 긴 세월 동안 명맥을 유지하였다.

이 신라에는 화랑도라고 하는 것이 있었다. 이것은 젊은이들이 모여 제사를 행하고 무예를 연마하고, 정신을 단련하는 집단으로, 이것이 신라를 구하고, 번영의 원동력이 되었다.

특히 신라 시대에는 인재를 선발하는 효과적인 방법이 없었기 때문에, 화랑도 제도를 만들어 소년들을 모아 가무(歌舞)와 여흥을 시키는 중에, 그들의 성질과 재능을 판별하여 인재를 뽑았던 것이다. 이 판별 방법 중의 하나가 손기술, 즉 오늘날의 태권도의 그 판별 방법의 하나였던 것이다.

태권도의 역사

높이 뛰어차기의 격파시범 광경

또 신라 무사들은 활 쏘기, 차기, 손으로 치기, 말타고 활 쏘기, 수렵, 추천(鞦韆), 죽마(竹馬)등을 행했었다. 군인으로써의 놀이나 가무로써의 노는 스포츠가 행해지고 있었던 것이다. 이것을 총칭하여 가배(嘉俳)라고 하는데, 가배는 음력 7월 16일에서 시작하여 8월 15일의 추석을 절정으로 끝나는 민족의 제전이었다.

그외에도, 태권도의 역사적 사실을 입증할 수 있는 증거는 많다. 예를 들면 석굴암의 금강 역사상도 그 하나이다.

신라의 국교는 불교였는데, 승들의 대부분은 화랑 출신이었던 것이 사실이다. 또, 태권도의 자세를 나타낸 석굴암의 수문 불상, 금강 역사의 자세는 신라에서 태권도가 번성했다는 것을 알려 주고 있다.

「제왕운기」라고 하는 책 속에, 신라풍습으로써 서로 마주 서서 차기도 하고 쓰러 뜨리기도 한다. 라고 하는 기술(記述)이 있다. 여기에는 3가지 방법이 있다. 우선 발을 차고, 능숙한 사람은 어깨를 차고, 좀더 능숙한 사람은 상대의 상투를 찼다고 한다.

이 외에도, 수벽타(手癖打), 권백(拳白), 하(下), 타격(打擊) 등 여러가지 기(技)가 신라나 고구려, 백제에 걸쳐 널리 전파되어 있던 것이 「사기」나 「고사」 등의 책의 기술로 증명되고 있다.

백제의 무예

고구려, 백제, 신라가 서로 대항하고, 게다가 중국에 출입하던 시대 백제는 고구려, 신라에 뒤지지 않는 무예에 대한 많은 기록을 남기고 있다. 「삼국사기」 등이 그 예인데, 그것에 의하면 많은 왕이 무예 숭상의 사상을 장려한 사실이 역력하게 남아있다.

백제에서는 국민 전체가 마술(馬術), 궁술(弓術), 태권 등을 하나의 놀이로써 행하고 있었다. 「삼국사기」 백제 본기의 제3의 아신왕(阿莘王) 7년 9월에, 도성의 사람들을 모아 궁사 대회를 행했다. 라고 하는 의미의 기록이 남아 있다. 이에서도 군인이나 관사는 물론, 서민을 포함한 국민 전체가 무사이며, 여러가지 무술을 배웠다는 것이 확실해 진 것이다.

백제는 BC 18년에서 AD 660년까지 역사를 유지하였으나, 신라와 당나라의 연합군에 의해 멸망되었다. 그 때문인지 고구려, 신라에 비하여 태권에 관한 실증은 적다. 그러나 삼국의 정치 실정 만으로, 고구려와 신라에서는 널리 행해졌고, 그후 고려에 전해져서도 심하였던 무예가 단지 기록이 적다고 하여 백제에서는 태권이 행해지지 않았다 라고는 판단할 수 없다.

적은 기록이나마 그 방법은 있는 것이다. 예를 들면 태권을 이상으로 하지 않으면 안되는 편전희(便戰戱)라고 하는 경기가 백제에서 행해졌다고 하는 기록이 남아 있는 것이다.

편전희란 남원 등지를 중심으로 한 지리산 주변에서 성했던 민속 경기로, 2개의 조로 나누어 승부를 겨루는 것이다. 이 편전희는 현존의 태권도를 의미하고 있다고 생각하면 우선 틀림이 없다.

이러한 기록은 고구려, 신라에 뒤지지 않게 백제에서도 태권도가 깊이 뿌리를 내리고 있었다는 것을 증명하여 준다.

고려 시대의 수박희

고려의 건국은 AD 918년이다. 고려는 조선 반도에 단일 국가를 이룩하였는데, 고려 11대의 문종왕에서 18대의 의종왕에 이르는 동안, 무관을 경시하고 문관을 존중하는 풍조가 생긴 것에 의해, 마침내 무관들이 반란을 일으키기에 이르렀다. 정중부의 난이 그것이다.

무관들은 패북한 문권을 제거하고, 바른 나라의 기본을 보조하기 위하여 난을 일으켰던 것이다.

정중부는 이의민 등의 우수한 태권무사를 이끌고 있었다. 이의민은 태권에 뛰어나 있었기 때문에, 의종왕은 그를 중히 여겨 병대에게 수박희를 실시하도록 명했다고 한다.

이러한 기록 이외에 「고려사」 등의 자료로 판단하여 볼 때, 고려에 있어서 무예로써의 수박은 국민 사이에 널리 애호되고 있었다고 생각된다.

하나의 흥미있는 에피소드를 소개하면, 고려의 무인 두경승(杜景升)이 수박이 특기인 친구와 함께 있는 것을 본 의부(義父)에게서 「수박은 위험한 무술일뿐 아니라, 품위있는 사람이 하는 것이 아니다」라고 하는 말을 듣고, 장군이 되기까지 수박을 배울 수 없었다고 하는 말도 전해지고 있다.

이조 시대의 무예

태권도라고 하면 한국이 그 종주국 임을 자랑하고 있다. 태권도의 명확한 역사적 실증과 우수한 기술에는 배달(倍達) 민족(한국 민족의 역사적, 또는 고풍적 호칭)의 찬란한 역사를 면면히 장식해준 우리 선조의 현명한 혼이 여기에 받아 들여져 있는 것이다.

그것은 고구려, 신라, 백제, 고려를 거쳐 이조 시대에 태권도는 깊은 뿌리를 내리고, 과학적 체계의 결실을 보기에 이르렀다.

정조 14년(AD 1790년)에 왕의 명을 받아 이덕무에 의해 편찬된 「무예도보통지」가 그것이다. 이 「무예도보통지」에는 태권(권법)을 비롯하여 무기의 사용법 까지가 수록되어 있다.

당시, 무과에서 관직에 오르려면 태권으로 3명 이상을 쓰러뜨리지 않으면 안되었고, 왕인 태종도 주연을 열고, 태권의 모범 시합을 지켜보는 등 큰 관심을 보이고 있었다.

임진·정유의 왜란때 금산에서 700명의 의병이 맨손으로 왜병과 싸웠다는 기록이 남아있다 이것은 명확하게 태권으로 백병전을 행하였다는 것을 보여주는 자료인 것이다.

또 전라도와 충청도의 경계인 작지(鵲旨)촌에서 양 도의 사람들이 태권도로 승부를 정했다고 하는 기록에서도, 당시 국민 사이에 어느 정도로 태권도가 애호되어지고 있었는지 알 수 있을 것이다.

그러나 이조말에 이르러, 문약 정치와 사색당파(궁정내의 파벌 싸움)로 무예를 경시하는 경향이 강하게 됨에 따라, 태권 애호자들은 자학을 하며 술과 싸움으로 울분을 푸는 지경에 이르렀다. 게다가, 당파 싸움에 눈이 어두운 문관들은 태권도를 하는 사람을 권력으로 눌렀기 때문에, 태권은 점차로 국가와 귀족층에서 떨어져 서민 사이에 묻히게 되었다.

그리고 이조가 망하고 일본의 침략이 시작되자 태권인들은 무기없이 항일 투쟁의 선두에 서게 되었던 것이다.

태권도의 과학

힘의 과학과 합리적 사용법

태권도의 기술 향상에는, 힘의 과학과 합리적인 사용 방법을 아는 것이 불가결하다.

지금까지의 수련이 무조건의 단련 주의, 맹 훈련 주의를 기본으로 하고 타성으로 지도했을 뿐, 합리적인 연구가 거의 행해지지 않았다고 하는 것은 매우 안타까운 일이다. 이것이 '도'를 신비의 존재로써 막연하게 계승해온 결정적인 요인이 되었다.

효과적인 힘과 기(技)의 사용법은 「힘은 어떻게 생성되며, 어떻게 발휘되며, 어떻게 최대의 효과를 얻을 수 있는가」를 과학의 원리에 입각하여 연구하는 것에 의해 비로소 생기는 것이다.

여기에서는 그것에 대하여 설명하겠다.

뉴우톤의 운동 방정식

자연계에는 중력, 탄력, 마찰력, 자력, 전력, 관성력 등 여러가지 힘이 있다.

뉴우톤은 이 힘을 정의할 때, 운동에 동반하는 질량과, 속도의 변화로 힘을 산출하는 방식을 제안했다.

$F = m \cdot a$ (F = 힘, m = 질량, a = 가속도)

이 공식(公式)은 모든 힘을 구명할 때, 상당히 편리하다. 태권도에 있어서도, 인간의 체중을 질량으로 생각하여 몸이나 발, 주먹의 움직임을 가속도로 하면 체중과 동작의 속도에는 밀접한 관계가 성립한다.

바꾸어 말하면 힘은 질량과 가속도에 의해 결정된다고 하는 원리에서, 태권도의 공격력이나 방어력, 파괴력도 제시할 수 있는 것이다.

예를들면 공격을 시작할 때는 신체는 불안정 상태(질량의 감소、속도의 증가)의 쪽이 유효하고, 방어의 경우는 극히 안정된 상태(질량의 증가, 속도의 감소)쪽이 효과적이다. 그런데 이것에는 뉴우톤의 운동 법칙에 일치하지 않는 이론이 성립한다.

여기에서는 태권도에 필요한 힘을 과학적으로 사용하는 때에 가장 중요한 것만을 뽑아서 설명해 보겠다.

우선 최초로 생각해야 할 것은 안정도, 지지면(발 바닥), 중심(이상의 질량에 해당한다)과, 탄력성, 민첩성, 유연성(이상은 가속도에 해당한다)이다. 여기에, 질량이나, 가속도를 보다 효율적으로 사용하기 위해서는 정신과 신경, 호흡 조절 등도 생각해야 한다.

안정도, 지지면, 중심

힘을 구사할 수 있는 기온 조건은, 인간의 자세가 어떤 상태에 있는 가에 의해 좌우된다.

즉, 안정도가 좋은 자세는 재빠른 공격에는 불편하지만, 방어에 있어서는 매우 유리하다. 반대로 불안정한 상태는 방어에는 불리하지만, 공격의 경우는 빠른 속도를 낼 수 있는 이점이 있다.

이 안정도는 중심의 위치가 높아지거나 낮아지거나 하는 것, 지지면이 넓어지거나 좁아지거나 하는 것과 밀접한 관계가 있다.

여기에서 사진을 보아주기 바란다.

① 은 기를 모으는 자세이다. 양발을 모으고 있다. 이 자세는 다른 사람이 사방에서 손가락 하나로 누르기만 해도 중심을 잃어버린다.

②의 사진은 발을 좌·우로 벌리고 있는 것이다. 이 자세도 역시 전·후에서 밀면 움직인다.

③의 사진은 전·후로 발을 벌리고 서있는 것이다. 이것은 ② 와는 반대의 현상이 일어난다.

태권도의 과학

사진①

사진②

사진③

①과②, ③의 중심은 같은 위치에 있고 지면에 붙어있는 지지면의 넓이도 같다.

다만 지지면을 넓히거나, 좁히거나 하는 발의 움직임을 자유 자재로 하는 것이다. 발의 폭을 넓히면 지지면은 넓어지고, 안정도가 높아진다. 게다가 중심의 이동이 항상 안정권 내에서 행해지고 있는 것에 의해, 공격에도 방어에도 유리 하다.

태권도 기본인 앞 굽혀 서기나 뒤 굽혀 서기는, 지지면을 넓힌 자세의 하나이다. 이것은 앞으로 전진하는 데는 유리하지만, 뒤로 또는 좌·우로 움직이는 데는 둔한 동작이다.

다음으로 중심에 관하여 보기로 한다. 인체나 다른 사물에는 중심이 2개 있다. 하나는 전후좌우, 상하의 중심점이고, 인체의 경우는 등골이 중심선에 해당한다. 또 하나의 중심은 물체가 움직임에 따라 이동하는 중심이고, 인체의 경우 기를 모은 자세에서는 선골의 앞 부분에 해당한다.

이 중심은 남자의 경우, 전체 신장의 대체로 아래에서 56% 위로 올라온 곳, 여자는 55%정도 되는 곳으로 추정하고 있다.

그런데 몸을 움직일 때 골반을 내리면 편하고 안정감을 높인다. 때문에 사람은 수면을 취할 때에 옆으로 눕는다. 이 옆으로는 자세는 가장 안정도가 높은 자세이다. 왜냐하면, 중심이 최저가 되고 지지면이 넓어지기 때문이다.

반대로 중심의 위치가 높아지면, 안정도는 덜하지만 공격력을 증가시킨다.

이 중심은 안정도에 관계가 있을 뿐아니라, 공격력을 증가시키는 역활도 한다.

예를들면 주먹으로 찌르고 발로 차는 경우, 골반을 공격의 목표 방향으로 움직이지 않으면, 공격력의 증가는 기대할 수 없다. 전술했듯이 $F=m \cdot a$인 것이다. 힘을 보다 잘 발휘하기 위해서는 m을 크게 해야 한다. 즉 허리가 들어가지 않으면(중심이 이동하지 않으면), m은 그만큼 약해지는 것이다.

그렇다고 하지만, 찌르기나 차기의 목표 방향과는 다른 방향으로의 중심 이동에서는, 공격력은 증가하지 않는다. 위력있는 공격이라는 것은 골반이나, 어깨, 머리 등의 몸 전체가 목표 방향으로 이동하고(전 체중의 이동), 그 힘이 주먹이나, 발 끝의 한 점에 집중하는 것에 의해 비로소 얻을 수 있는 것이다.

속도(速度)

아무리 능률적인 방법으로 얻은 무게(질량) 라도, 속도가 동반되지 않으면 효과적인 힘이라고는 볼 수 없다.

우리는 「약하게 찬다」든가 「강하게 찬다」라고 하는 말을 사용한다. 이 경우 전자는 속도가 느리다고 하는 의미이고, 후자는 속도가 빠르다고 하는 의미이다.

전술(前述)했듯이, 속도를 빠르게 하는 방법의 하나는 중심 이동과 큰 관계가 있다. 중심 이동은 불안정한 상태의 자세 쪽이 실시하기 쉽고, 속도도 빨라지게 된다.

이것은 팽이가 도는 원리를 생각하면 이해하기 쉬울 것이다. 팽이는 지지면이 작고, 중심이 높은 상태에서 잘 돈다. 태권도도 마찬가지로 안정도가 낮고 중심이 높은 자세 때, 몸이나, 주먹, 발의 스피드도 올라가는 것이다.

또, 유연성을 갖고 공격 거리를 크게 하는 것에 의해서도 속도를 증가시킬 수 있다. 그러기 위해서는 어깨 등에 힘을 넣지 않아야 한다. 특히 태권도에서는 그 동작은 유연성이 있는 자세와 움직임으로 구성되어 있기 때문에, 힘을 빼고 릴렉스하는 것이 중요하다.

인체는 뼈의 관절에 의해 연결되어 있고 신경 작용에 의한 근육의 신장, 축소에 의해 운동을 한다는 것은 이미 알고 있는 것이리라 생각한다. 그 근육이 유연하지 않으면, 순간적인 민첩성은 얻을 수 없고 방어의 동작도 둔하게 됨은 말할 필요도 없을 것이다.

신경(神経)

신경 한 다발이 수십, 수백 다발로 나누어져서 근육섬유의 한 다발 한 다발로 이루어진다. 그리하여, 신경에 전달된 자극은 한자루 한 자루로 나누어져 근육섬유 안에 모두 전달된다. 이러한, 신경에 연결되는 하나의 다발을 운동단위라고 부른다.

한 다발의 근육 안에는 이러한 단위가 많이 있고, 그 단위가 동시에 움직이지 않으면 힘을 낼 수가 없다. 신경 집중은, 이러한 단위가 동시에 움직이도록 하는데 효과가 있다.

또 신경과 근육의 소통은 자동적으로 이루어져야 한다. 자극이 신경을 통하여 근육에 전달되는 때, 근육은 즉시 반응해야하는 것이다. 이러한 운동 신경의 민첩성이 없으면, 힘과 기술 모두를 발휘할 수 없게 된다.

이것은 신경 세포의 관계나, 근육의 안에 있는 근 감각을 취급하고 있는 부분도 중요한 역활을 하는데, 태권도의 훈련에 의해 그 기능을 발휘할 수 있다.

호흡(呼吸)

어떤 운동이라도 몸을 앞으로 구부렸다가 뒤로 폈다가 하는 때는 숨을 토하고, 똑바로 서 있을 때는 숨을 쉬는 것이 원칙이다.

그런데, 태권도와 같이 목적물을 차려고 하는 때는 숨을 내 뱉고, 목적물을 차는 순간은 숨을 정지하지 않으면, 큰 효과를 얻을 수 없다.

숨을 토하면 내부 저항이 줄어 몸은 유연해지고, 숨을 멈추면 힘을 하나로 뭉치는 것이 가능해 지는 것이다. 이것이 '호흡 조절'이라고 하는 것이다.

태권도에서는 공격 순간 「얏!」이라고 외치는데, 이것은 주먹이 나갈 때, 가슴의 공기를 빼고 기합을 넣기(정신 집중) 위함이다. 그러나, 「얏!」이 길어져서 목적물에 닿을 때까지 외치고 있으면, 큰 힘은 얻을 수 없다. 힘은 정신 집중에 의해 비로소 큰 효과를 발휘하는 것이다. 어떤 공격이나 방어도 정신의 집중력과 호흡의 조절없이는 실패하고 만다.

이런 점에서, 많은 수련을 거듭한 사람은 인간의 유한한 힘을 정신 집중, 신경의 민감성, 호흡의 조절에 의해 최대로 발휘하는 요령을 깨달아 습관화하는 것에 의해, 놀랄만한 파괴력을 갖기에 이르는 것이다.

기본편

사용 부위와 명칭

주먹(joomeok)

주먹은 손의 공격 부위의 기본을 이루는 것으로, 여러가지 형으로 변화시켜 응용한다.

쥐는 방법은 다음의 순서로 행한다.
1. 전 손가락을 편다.
2. 엄지를 뺀 4개의 손가락을 손바닥에 주름이 생길 정도로 힘을 넣어 쥐면서 구부린다.
3. 더욱 4개의 손가락을 접어 구부린다.
4. 엄지를 접어 구부려 쥔다.

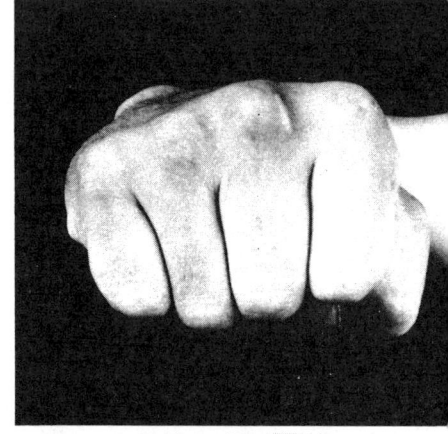

주먹(正拳 : 정면)

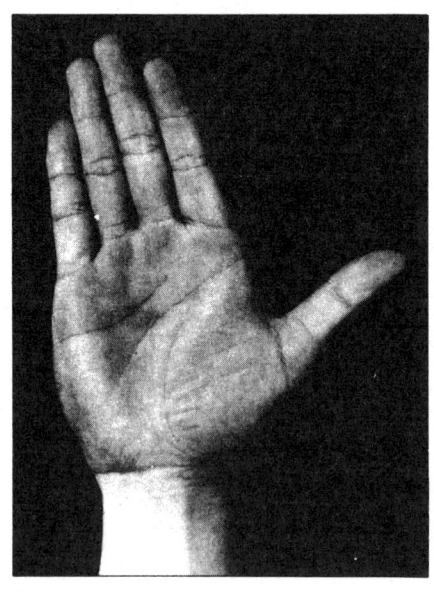

1

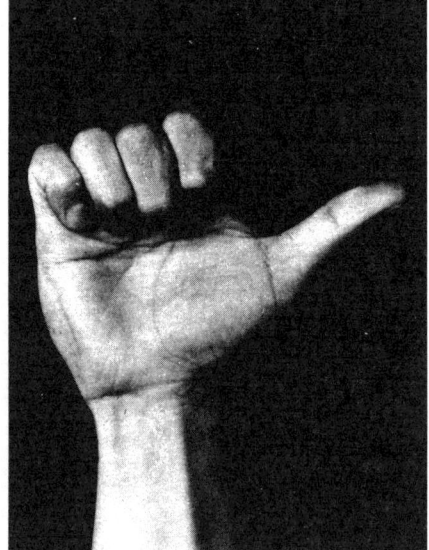

2

사용 부위와 명칭

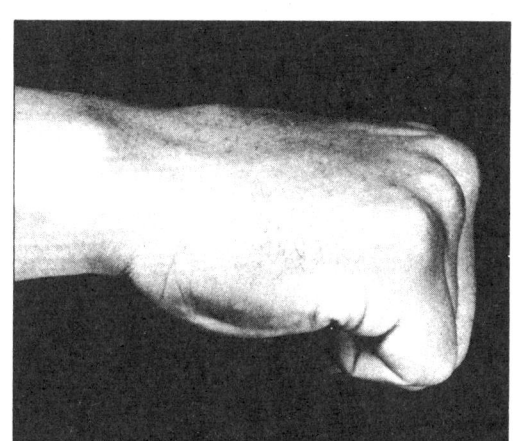

주먹 (正拳 : 측면)

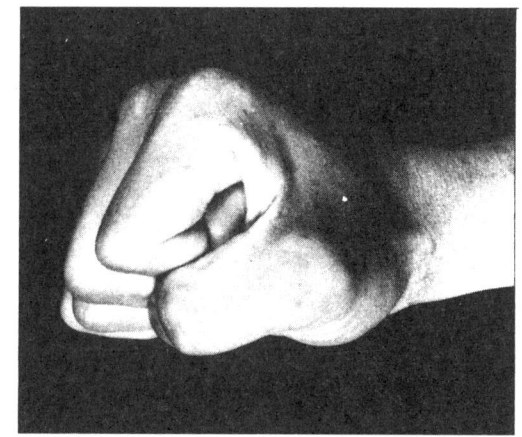

주먹 (正拳 : 측면)

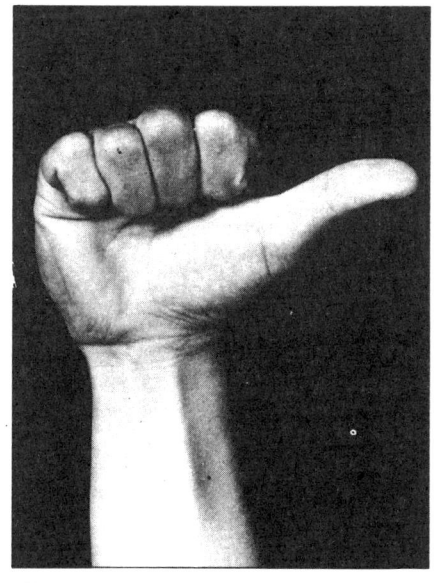

등주먹 (Deung-Joomeok)

쥐는 방법은 정권과 같다. 인지 손가락과 중지의 손가락 뼈 부분을 사용한다.

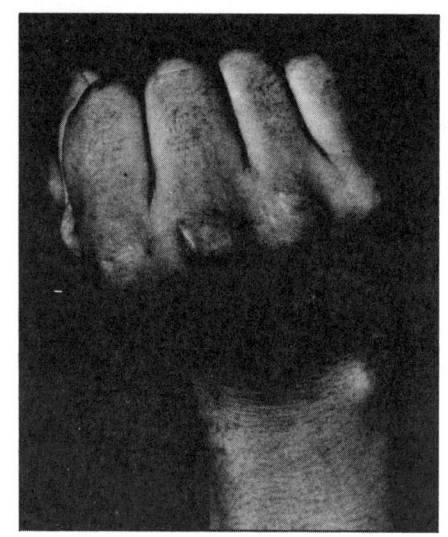

등주먹

메주먹 (Me-Joomeok)

쥐는 방법은 정권과 같다. 엄지와 반대쪽의 부드러운 쪽으로, 단단한 것을 칠 때에 사용한다.

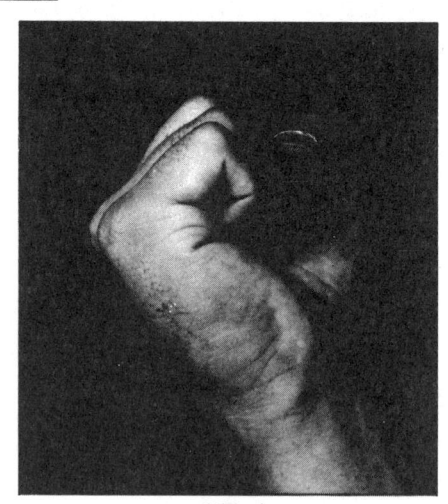

메주먹

편주먹 (pyon-Joomeok)

정권을 쥔 상태에서, 제1관절을 모두 편다. 엄지는 제2관절을 구부리고 인지의 손가락에 강하게 붙인다. 중지의 제2관절로 찌르는데 보조적으로 인지 손가락과 약지의 제2관절도 사용한다.

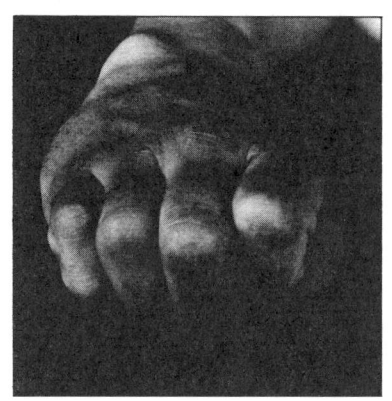
편주먹 (정면)

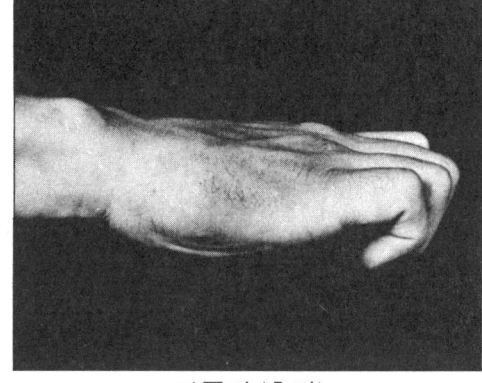
편주먹 (측면)

밤주먹 (Bam-Joomeok)

정권을 쥔 상태에서, 중지를 튀어 나오게 하고 그 부분으로 찌른다. 같은 요령으로 인지 손가락을 튀어 나오게 하여 사용하는 경우도 있다.

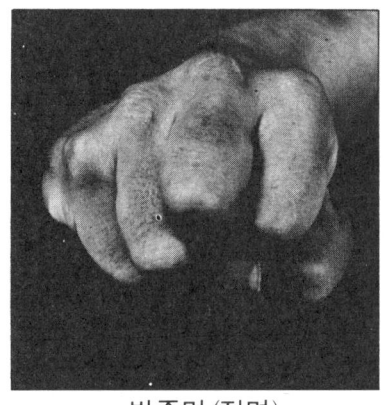
밤주먹 (정면)

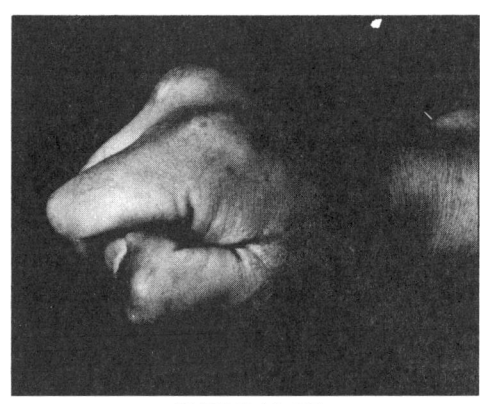
밤주먹 (측면)

손날 (Sonnal)

소위 공수(空手) 촙(Chop)이라고 일컬어지는 것. 엄지 이외의 4개의 손가락을 펴고, 엄지를 인지 손가락에 꽉붙인다. 중지와 약지의 손끝 까지의 길이를 같이 해야 하기 때문에, 당연히 중지를 조금 구부리게 된다.

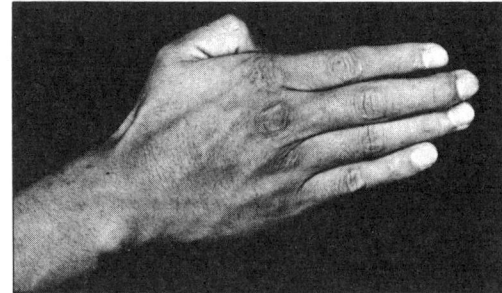
손날(手刀 : 측면)

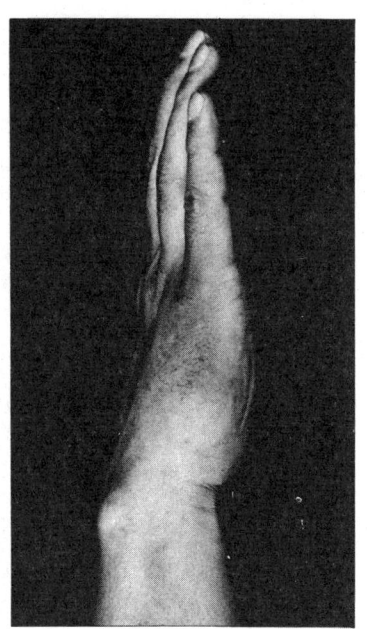
손날(手刀 : 정면)

손날등 (Sonnal-Deung)

손날과 같은 요령인데, 엄지는 손바닥 쪽에서 새끼 손가락 쪽으로 깊게 구부려 붙인다. 사용 부위는 손날과 반대인 인지 손가락 쪽이다.

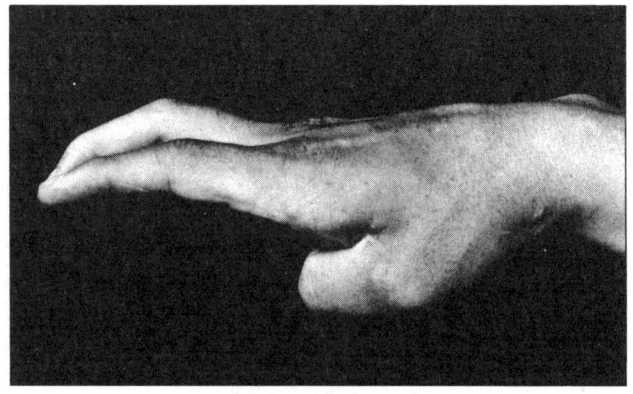
손날등(背刀)

사용 부위와 명칭

아금손 (Ageum-Son)

쥐는 방법은 손날과 같은데, 형은 사진과 같이 전체 손가락을 제 2 관절에서 접어 구부리고, 엄지와 인지 손가락 사이를 조금 벌린다.

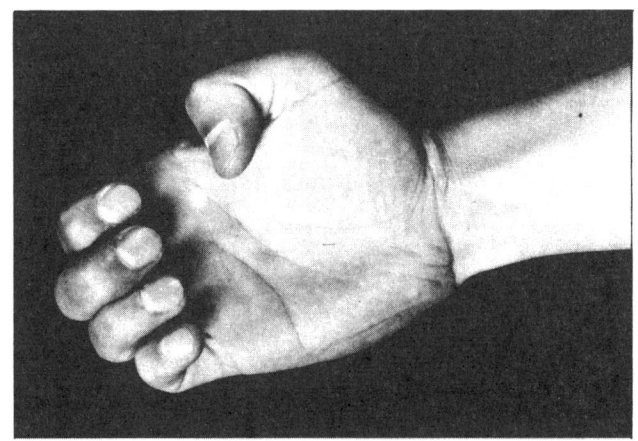

아금손

바탕손 (Batang-Son)

손날과 같은 형인데, 손목을 약간 손등 쪽으로 젖힌다. 손 바닥의 아래 쪽에서 찔러 사용한다. 또 엄지와 인지 사이로 상대의 목을 공격하는 일도 있다.

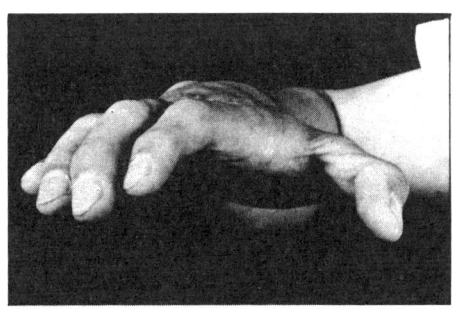

바탕손

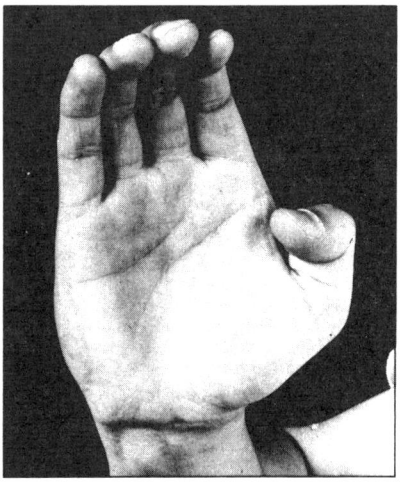

바탕손

편손끝 (Pyonson-keut)

손날과 거의 같은 형인데, 엄지를 보다 안쪽으로 강하게 붙이고, 새끼 손가락, 엄지 이외의 3개의 손끝까지의 길이를 똑같이 하는 것이 바람직하다. 중지는 약간 구부러진 모양이 되도록 한다.

사용 부위는 중지와 약지의 손끝 부분.

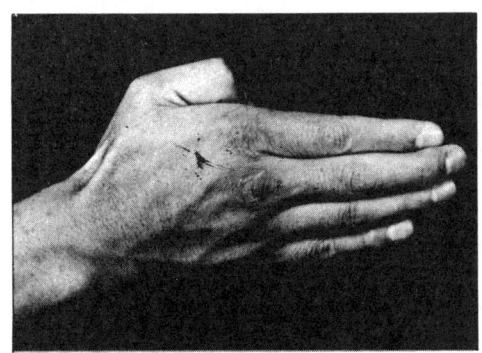
편손끝(측면)

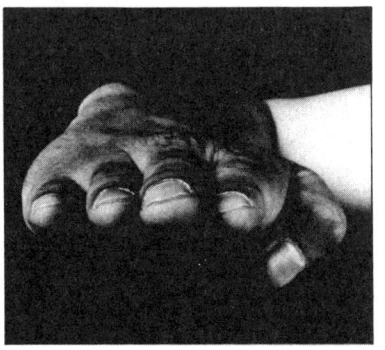
편손끝(정면)

편손의 사용예

편손의 사용예

사용 부위와 명칭

가위손끝 (Gawison-keut)

가위 바위 보를 하는 형. 인지와 중지의 끝으로 상대의 눈을 찌르는 때에 사용한다.

가위손끝(측면)

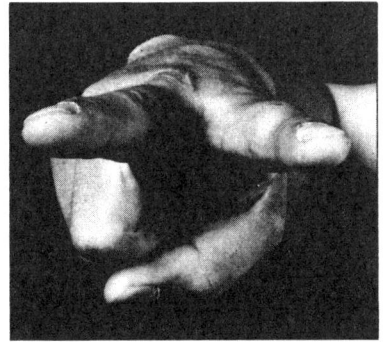
가위손끝(정면)

가위손끝의 사용예

팔목 (palmok)

팔목은 방어 할 때에 주로 사용한다. 사용 부위는 안, 밖 등 사면 모두이다. 손목에서 팔꿈치까지 모두 사용한다.

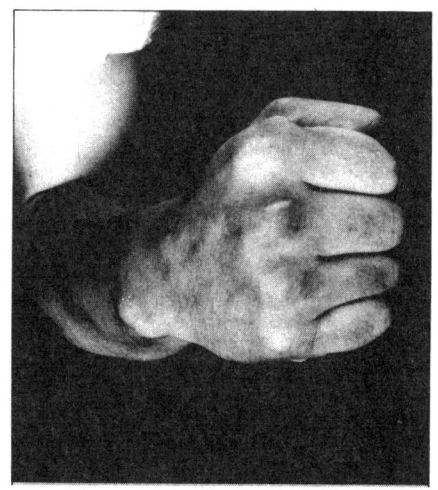

팔목

팔목의 사용예

팔굽 (palkoop)

팔굽은 전후, 좌우로의 공격에 쓰인다. 전방으로 찔러 올리는 경우는, 주먹은 어깨 뒤로 오게한다. 뒤쪽으로 공격할 때는, 소위 '폭탄'모양이 되도록 한다. 앞쪽 중간 쯤의 공격과 옆으로의 공격 방법은 사진 그대로 이다.

사용 부위는 팔꿈치의 튀어나온 부분이다.

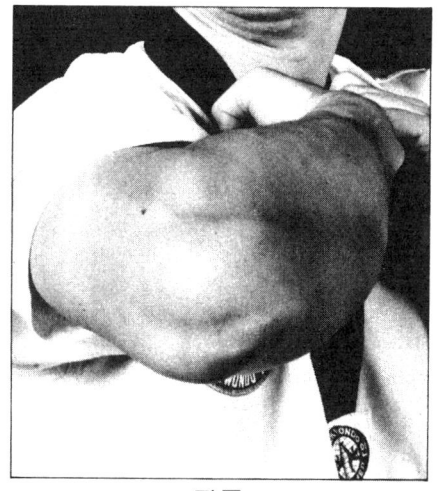

팔굽

팔굽의 사용예

팔굽의 사용예

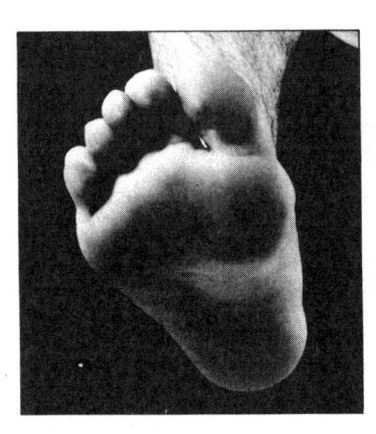
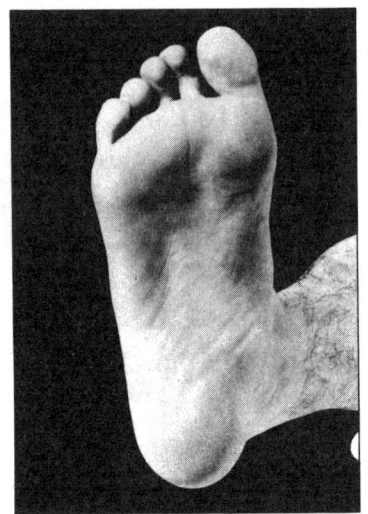
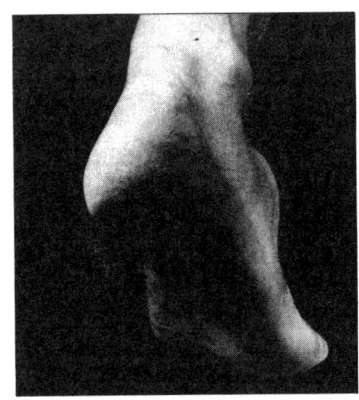
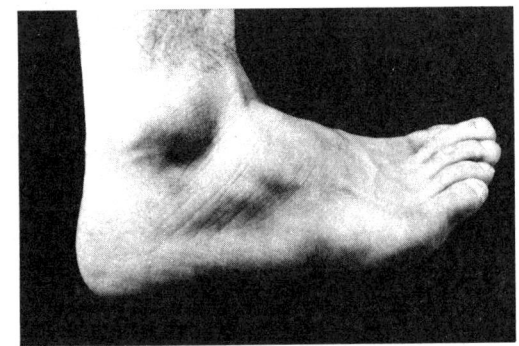

앞축 (Apchook)

발가락 끝으로 섰을 때에, 지면에 접촉하는 부분으로 찬다.

뒷축 (Dwichook)

발 안의 뒤꿈치 부분으로 찬다.

뒷꿈치 (Dwikoonchi)

뒤꿈치의 뒷 부분으로 찬다.

사용 부위와 명칭

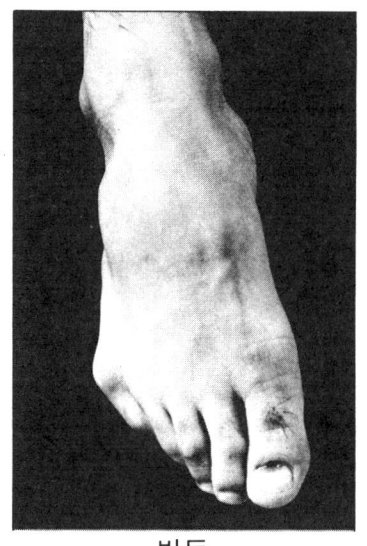
발등

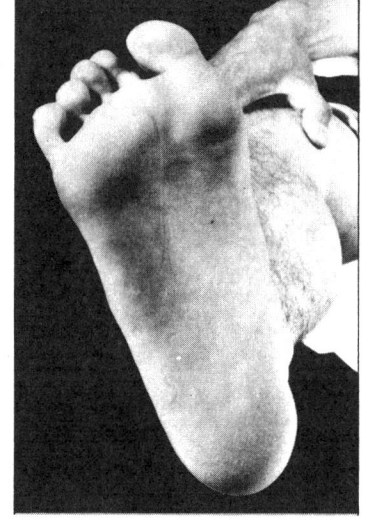
발바닥

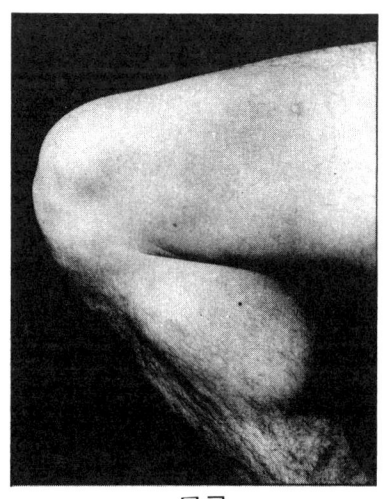
무릎

발날 (Bal nal)
발의 바깥 부분으로 찬다.

발등 (Baldeung)
발의 등쪽으로 찬다.

발바닥 (Balbadak)
발가락에서 한 가운데를 지나는 부분에 걸쳐 그 안쪽 전부로 찬다.

무릎 (Mooreup)
무릎 부분으로 찬다.

서는 방법

편히서기 (Pyeonhi-Seogi)

발 폭을 어깨 넓이와 마찬가지로 하여, 양 발 끝을 밖으로 22.5도 벌리고 선다. 서있는 방법의 기본이 되는 자세이다.

모아서기 (Moa-Seogi)

양발의 안쪽을 딱 붙이고 선다.
양발의 뒷꿈치를 붙이고, 양 발 끝을 각각 밖으로 22.5도 벌리고 서는 방법도 있다.

편히서기

모아서기

서는 방법

주춤서기 (Joochoom-Seogi)

양 발 사이를 1보 디디고, 양 발 끝은 평행이나 조금 바깥으로 향하게 한다. 그리고 가슴을 벌리고, 등줄기를 똑바로 편 채 무릎 관절을 조금 구부린다. 체중은 양 발에 등분하여 얹고, 무게의 중심을 양 발의 중심에 둔다. 말을 탈 때의 자세와 같은 모습이 되도록 한다.

앞주춤 (Ap-Joochoom)

주춤 서기에서 비스듬히 된 상태의 선 모습이다. 앞쪽을 커버하기 위해서 앞 무릎을 조금 안쪽으로 구부린다. 체중은 조금 앞발에 얹는다.

주춤서기

앞주춤

앞굽이(정면)

앞굽이(측면)

앞굽이 (Apkoobi)

앞발과 뒷발의 간격은 1보 정도. 앞발의 무릎을 구부리고 뒷발은 똑바로 편다. 뒷발은 앞발의 선에서 30도 바깥으로 벌린다. 동체는 45도 꼬아 반신(半身)이 되게 한다. 체중은 3분의 2를 앞발에 둔다. 무릎과 발가락 끝이 수직으로 되도록 한다.

서는 방법

앞서기(정면)

앞서기(측면)

앞서기 (Apseogi)

보통으로 걸을 때의 모습으로, 상체가 조금 앞으로 기울어진 형이다. 즉 앞쪽으로 걸어 나갈듯한 순간, 중심이 앞으로 조금 이동한 형이다. 양 발의 형은 앞굽이와 같고, 보폭은 좁게 한다. 체중은 60~70%를 앞 발에 얹는다.

뒷굽이 (정면)　　　　　뒷굽이 (측면)

뒷굽이 (Dwitkoobi)

앞발과 뒷발의 간격은 1보. 뒷발은 90도 바깥으로 벌린다. 뒷발은 주춤서기와 같이 하고, 앞발의 무릎을 자연스럽게 구부린다. 앞발의 안쪽은 모두 지면에 붙인다. 체중은 뒷발에 약 90%를 얹는다.

서는 방법

범서기(정면)　　　　　　범서기(측면)

범서기 (Beom-Seogi)

뒷 굽이와 거의 비슷한 형인데, 이경우는 앞발의 발가락 끝을 지면에 붙이고, 뒷꿈치를 지면에서 주먹 1개 정도 들어갈 정도로 위로 한다. 양 무릎은 조금 안쪽으로 구부린다. 체중은 모두 뒷발에 두고, 앞발에는 전혀 두지 않는다.

꼬아서기 (정면)

꼬아서기 (측면)

꼬아서기 (Koa-Seogi)

사진과 같이 발을 교차시켜 선다.

서는 방법

학다리서기   학다리서기

학다리서기 (Haktari-Seogi)

무릎을 조금 구부리고, 학이 한 발로 서있을 때와 같이 한 다리로 선다. 올린 쪽의 발 등을 무릎의 뒤로 붙이고 있는 경우도 있는데, 이 경우는 오금 서기(Ogeum-Seogi)라고 한다.

공격기(攻擊技)

지르기 (Jireugi)

주먹은 허리에서 지르는 것이 원칙이다. 주먹 등 쪽을 아래로 하여 허리에 대고, 주먹을 나선형으로 비틀면서 내 찌른다. 따라서 팔이 모두 펴진 때에는 주먹 등은 위를 향한다.

한쪽 손은 주먹을 내 찌르는 것과 동시에, 교차시켜 허리에 댄다. 이 때, 끌어 당긴 쪽의 주먹의 등은 아래로 향한다.

손목의 관절은 완전히 펴고 목표물을 찔렀으면, 재빨리 끌어 당기는 것이 중요하다. 또, 중심을 안정시키기 위해서는 허리를 조금 비틀어 탄력°을 붙여 행하는 것도 잊어서는 안될 것 중의 하나이다.

이 지르기의 대표적인 것으로, 바로 지르기 (Baro-Jireugi)와 반대 지르기(Bandae-Jireugi)가 있다. 바로 지르기는 예를들면 왼발이 앞에 있을 때 왼손으로 찌르는, 앞발과 같은 쪽의 손으로 찌르는 것을 말한다. 반대 지르기는, 예를들면, 왼발이 앞에 있을 때 오른손으로 찌르는, 앞발과는 반대의 손으로 찌르는 것을 말한다.

지르는 장소는 상단(안면), 중단(가슴), 하단(아랫배)으로 나눈다.

공격기

바로지르기 (정면)

바로지르기 (측면)

반대지르기 (정면)

반대지르기 (측면)

내려지르기

옆지르기

내려지르기 (Naeryo-Jireugi)

위에서 아래로 향하여 찌르는 것. 상대가 쓰러져 있을 때 등에 사용한다.

옆지르기 (Yeop-Jireugi)

옆으로 있는 상대를 공격하는 것으로 팔을 옆으로 펴서 찌르는 것이다.

치지르기

치지르기의 사용예

치지르기 (Chi-Jireugi)

복싱에서 말하는 어퍼커트로써, 주먹을 턱의 아래에서 찔러 올린다.

ㄷ자지르기

돌려지르기

ㄷ자지르기 (Jeochyo-Jireugi)

　한쪽 주먹은 안면을, 또 한쪽 주먹은 복부를 양 주먹으로 동시에 찌르는 것. 상대와 접근해 있을 때에 사용한다. 아랫 쪽으로 가는 팔의 팔꿈치 관절은 허리의 안쪽에 붙인다.
　또 사진과 같이, 양 주먹으로 동시에 중단을 찌르는 때에도 사용한다.

돌려지르기 (Dollyo-Jireugi)

　원 또는 반원을 그리면서 찌르는 것으로 팔꿈치는 구부린다.

공격기

앞차기 (정면)

앞차기 (측면)

차기 (Chagi)

태권도의 공격기(技)의 실제로 90% 이상이 차는 기술로 구성되어 있다. 이것은 다른 격투기에서는 볼 수 없는 큰 특징이다. 가라테에 있는 앞 차기 등의 차는 기술은 물론이고, 도약력을 사용한 각종 날아 차기가 있고, 무시 무시한 파괴력을 갖고 있다. 숙달되면 높이 2미터에 장치되어 있는 두꺼운 널판지를 순식간에 자를 수가 있다.

앞차기 (Ap-Chagi)

차는 발의 무릎을 구부리고, 무릎이 가슴에 닿을 정도로 높이 올린 다음 발의 위치와 목표물과의 직선이 되도록 하여, 무릎에 탄력을 주어 찬다.
발가락은 모으고 윗발 밑의 부분으로 찬다.

옆차기

옆차기

옆차기 (Yeop-Chagi)

　몸을 정면으로 향한 채, 양 쪽면을 차는 기(技). 좌·우로 이동하면서 차는 것이다. 뒷꿈치나, 발날로 차는데 뒷꿈치로 차는 경우는 발가락을 밖으로 모으고, 발날로 차는 경우는 발가락을 안쪽으로 구부린다.

돌려차기

돌려차기 (Dollyo-Chagi)

　돌려 차기에는 앞 돌려 차기와 뒤 돌려차기가 있다. 앞쪽으로 반원을 그리면서 차는 것이 앞 돌려 차기이고, 뒷쪽으로 반원을 그리면서 차는 것이 뒤 돌려 차기이다. 전자는 앞차기와 같은 부분으로 후자는 뒷꿈치로 찬다.
　같은 요령으로 발 등, 발 바닥으로 차는 경우도 있다. 이 경우는 후려 차기(Hooryo-Chagi)라고 한다.

뛰어차기

반달차기 (Bandal-Chagi)

앞 차기와 돌려 차기의 중간으로 차는 것이다. 돌려 차기와 같이 몸을 구부리지 않고, 몸은 정면을 향한 채이다.

비틀어차기 (Biteureo-Chagi)

몸을 비틀어 뒷 쪽을 찬다.

잡고차기 (Japko-Chagi)

상대의 어딘 가를 잡고 차는 것

몸돌려차기 (Momdollyo-Chagi)

몸을 1회전 시켜 차는 기(技)로, 몸을 1회전 시켜 한쪽 발이 앞에서 뒤로 돌려고할 때, 그 발로 찬다. 차는 발은 뒤에서 돌려 차기와 같다.

공격기

뛰어차기 (Twieo-Chagi)

　몸을 공중으로 띄워 차는 기(技)로 뛰어 앞 차기, 뛰어 옆 차기, 뛰어 돌려 차기, 뛰어 몸 돌려 차기 등이 있다. 뛰어 앞 차기로 일단 높은 곳을 차는 것을 높이 차기(Nopi-Chagi)

두발당상 (Doobaldangsang)

　점프하여 공중에 있는 사이에 양 발로 연속적으로 찬다.

뛰어모둠발차기

뛰어모둠발차기 (Twieo-Modeumbal-Chagi)

점프하여 양 발로 동시에 차는 기(技)로, 앞 차기와 옆 차기가 있다.

방어기(防御技)

얼굴막기 (Eolgool-Makki)

손의 형에는 여러 가지가 있는데 주먹을 쥐고, 팔로 막는 것이 기본이다. 주먹을 반대쪽의 눈 높이까지 올리고 팔꿈치를 편다. 이 때, 주먹 등이 얼굴 쪽을 향하도록 비틀면서 올린다. 얼굴과 손목의 사이는 주먹 1개 정도로 벌리고, 손목이 이마의 가운데 앞쪽으로 오도록 한다.

팔꿈치 각도는 안쪽의 약 100도인데, 이것은 체격에 따라 다소간 달라진다.

얼굴막기

얼굴막기의 사용 예

몸통막기(정면)　　　　몸통막기(측면)

몸통막기 (Momtong-Makki)

　바깥쪽에서 안쪽으로 막는 것이 기본이다. 주먹을 일단 허리에서 어깨 쪽으로 올리고, 몸 중앙 명치의 앞에서 상대의 찌르기를 내리듯이 받는다. 팔꿈치의 안쪽 각도는 약90도.
　바깥에서가 아닌 같은 요령으로 안쪽에서 밖으로 향하여 받는 경우도 있다.

방어기

몸통막기

몸통막기의 사용 예

아래막기(정면)

아래막기(측면)

아래막기의 사용예

아래막기 (Arae-Makki)

　주먹을 일단 반대쪽의 턱까지 올린다음, 아랫배의 아래까지 내려 받는다. 주먹을 올릴 때는 등을 밖으로 향하고, 내릴 때는 바닥과 수평이 되게 한다. 사용 부위는 손목의 안쪽이다.

방어기

옆막기

옆막기

옆막기 (Yeop-Makki)

팔을 몸의 정면이 아닌 옆쪽으로 내어 맞는 기(技)이다.

헤쳐막기　　　　　　　　　헤쳐막기의 사용예

헤쳐막기 (Hechyo-Makki)

사진과 같은 형으로, 나누어 받는 기(技)이다.

방어기

위 엇걸어막기 　　　　아래 엇걸어막기

엇걸어막기 (Eotgeoreo-Makki)

사진과 같이 양 손목을 십자로 교차하여, 상대의 찌르기나 차기를 막는다.

손날막기 (정면)

손날막기 (측면)

손날막기 (Sonnal-Makki)

손을 손날 모양으로 하여 안쪽에서 바깥으로 받는다.

형편(型編)

태극(太極)

태권도 수련자는 애국과 애족의 사상을 기본 이념으로 하고 ① 평화의 상징 ② 배달의 정신(단일성) ③ 창조의 정신 ④ 광명의 정신 ⑤ 무궁의 정신 등 우리(한국)의 국기를 상징하는 '태극'의 5대 정신을 함양해야 한다.

태극이란 하늘과 땅이 나뉘기 전의 만물의 원시 상태, 즉 우주 구성의 최고 원리로서의 우주 구극의 정신을 의미한다.

태권도에 있어서의 태극의 형(型)은 우주 철학의 근본 원리를 나타내는 것에 의해 태극의 음, 양의 진리를 응용하고 그것을 받아들인 동작이다. 그 진행선도 우주의 근본을 의미하는 음양의 8괘선을 뽑아 공격과 방어, 전진과 후퇴, 속도의 이완, 강과 유 등, 변화가 풍부한 태극의 우주 이상의 원리를 충분히 활용하고 있다.

태극 1 장 (Taegeuk I Jang)

태극 1장은 8괘의 「건(乾)」을 의미하고, 건은 우주 만물의 근원 시초를 의미한다. 즉, 태극 1장은 태극권. 형의 어원을 이루는 것이며, 그 연무선(演武線)도 「☰」의 부호로 나타낸다.

구성에 있어서도, 초심자가 충분히 수련 가능하도록 앞굽이가 많이 쓰여지고 있다. 사용되는 기(技)도 중단 지르기, 하단 지르기, 중단·하단 받기, 앞차기 뿐이다.

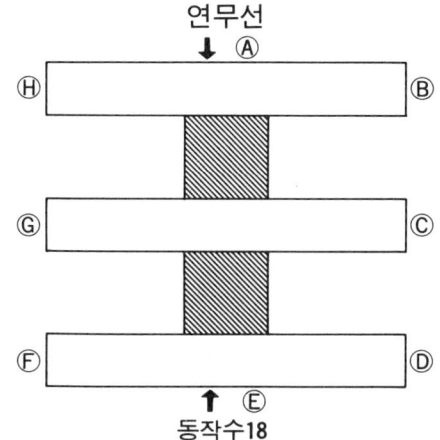

태극1장

[준비자세]　　　[1]　　　[2]

준비자세

1 발 = 몸을 왼쪽으로 구부리면서, 왼발을
　　　Ⓑ방향으로 낸다.
　서는 방법 = 왼쪽 앞 서기
　팔 = 왼쪽 아래로 내린다.
2 발 = 오른발을 앞으로(Ⓑ방향) 1보 전
　　　진한다.
　서는 방법 = 오른쪽 앞 서기
　팔 = 오른쪽 주먹으로 중단 지르기
3 발 = 몸을 오른쪽으로 구부리고, 오른발
　　　을 Ⓗ방향으로 낸다.
　서는 방법 = 오른쪽 앞 서기
　팔 = 오른쪽 하단으로 보낸다.

[3]

69

[4] [5] [6]

4 발 = 왼발을 1보 앞(Ⓗ방향)으로 내디딘다.
  서는 방법 = 좌 앞 서기.
  팔 = 왼 주먹 중단 지르기.
5 발 = 몸을 왼쪽으로 돌려, 왼발을 Ⓔ방향으로 움직인다.
  서는 방법 = 앞 굽이
  팔 = 왼쪽 아래로 보낸다.
6 발 = ⑤그대로
  서있는 방법 = ⑤그대로
  팔 = 오른쪽 주먹 중단 반대 지르기
7 발 = 왼발의 위치는 그대로이고, 오른발을 Ⓖ방향으로 움직인다.
  서는 방법 = 우측 앞 서기.
  팔 = 좌, 중단 안쪽 받기(왼 손목으로 좌측에서 받는 것)

태극1장

[7] [8] [9]

⑧ **발** = 왼발을 1보 앞(ⓒ방향)으로 낸다.
  서는 방법 = 앞 서기
  팔 = 오른 주먹 중단 반대 지르기

⑨ **발** = 오른발을 축으로 몸을 좌로 돌리고, 왼발을 ⓒ 방향으로 낸다.
  서는 방법 = 좌, 앞 서기
  팔 = 우, 중단 안쪽 받기

⑩ **발** = 오른발 앞(ⓒ방향)으로 1보 전진
  서는 방법 = 우, 앞 굽이
  팔 = 왼 주먹 중단 반대 지르기

[10]

[11] [12] [13]

11 발 = 왼발을 축으로 몸을 오른쪽으로 돌리고, 오른발을 Ⓔ방향으로 움직 인다.
   서는 방법 = 우, 앞 굽이.
   팔 = 오른쪽 하단으로 보낸다.
12 발 = 11의 그대로
   서는 방법 = 11 그대로
   팔 = 왼 주먹 중단 반대 지르기.
13 발 = 왼발을 Ⓓ방향으로 보낸다.
   서는 방법 = 좌측, 앞 서기
   팔 = 좌, 상단 받기.

태극1장

[14-1]　　　[14-2]　　　[15]

14 발 = 오른발 앞 차기
　서는 방법 = 우측, 앞 서기
　팔 = 오른 주먹 중단 지르기
15 발 = 왼발을 축으로 몸을 우로 돌리고, 오른발을 Ⓕ 방향으로 움직인다.
　서는 방법 = 우측, 앞 서기.
　팔 = 오른쪽 상단 받기

[16-1]　　　　　　　　　　[16-2]

16 발＝왼발 앞차기
　 서는 방법＝높이 좌, 앞굽이.
　 팔＝왼 주먹 중단 바로 지르기.
17 발＝오른발을 축으로 몸을 우로 돌리고, 왼발을 Ⓐ방향으로 움직인다.
　 서는 방법＝좌, 앞굽이.
　 팔＝좌, 하단 내리기.
18 발＝오른발을 앞(Ⓐ방향)으로 1보 전진시킨다.
　 서는 방법＝우, 앞 굽이
　 팔＝오른 주먹 중단 바로 지르기(기합)
「그만！」으로, 오른발 뒷꿈치를 좌로 이동하고, 몸도 좌로 돌려 준비 자세로 되돌아 간다.

태극1장

[17]   [18]   [그만]

[17]의 뒷면

[18]의 뒷면

태극 2장 (Taegeuk 2 Jang)

태극 2장은, 8괘의 「태(兌)」를 의미한다. 兌란 안쪽에서는 강하게, 바깥에서는 부드럽게 라고 하는 의미이다. 따라서 태극 2장의 형은 부드러우면서도 강한 공격을 할 수 있으며, 하단으로 보내는 것에서 시작하여, 중단 지르기, 앞 차기, 상단 받기 등의 기(技)가 교호하여 구성되어져 있다.

연무선(演武線)은 「≡」의 부호로 나타낸다.

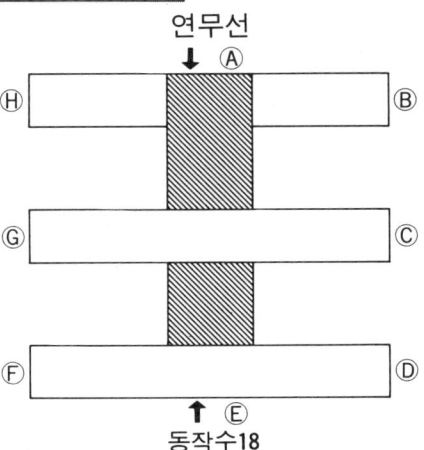

준비자세

1️⃣ 발 = 몸을 좌(Ⓑ방향)로 향한다.
　서는 방법 = 좌측, 앞 서기
　팔 = 좌, 하단 보내기

━[준비자세]━━━━[1]━━━━━[2]━

태극 2 장

2 발 = 오른발 앞(Ⓑ방향)으로 1보 전진한다.
　서는 방법 = 우, 앞굽이
　팔 = 오른 주먹 중단 지르기
3 발 = 몸을 우(Ⓗ방향)로 돌린다.
　서는 방법 = 우측, 앞 서기
　팔 = 우, 하단 보내기
4 발 = 왼발을 앞(Ⓗ방향)으로 1보 내딛는다.
　서는 방법 = 좌, 앞 굽이
　팔 = 왼 주먹 중단 바로 지르기
5 발 = 오른발 뒤꿈치를 축으로 몸을 좌로 회전하면서, 왼발을 Ⓔ방향으로
　　　이동한다.
　서는 방법 = 좌측, 앞 서기
　팔 = 우, 중단 받기

[3]　　　　　　[4]　　　　　　[5]

[6]　　　　　　[7]　　　　　　[8-1]

6 발 = 오른발 앞(ⓔ 방향)으로 1보 전진.
　서는 **방법** = 우측, 앞 서기
　팔 = 좌, 중단 받기

7 발 = 몸을 좌로 돌리고, 왼발을 ⓒ 방향으로 이동한다.
　서는 **방법** = 좌측, 앞 서기
　팔 = 좌, 하단 보내기

8 발 = 오른발 앞 차기
　서는 **방법** = 우, 앞 굽이
　팔 = 오른 주먹 상단 **바로** 지르기

9 발 = 왼발 뒤꿈치를 축으로 몸을 오른쪽으로 회전하면서, 오른발을 ⓖ 향으로 이동시킨다.
　서는 **방법** = 우측, 앞 서기
　팔 = 우, 하단 보내기

10 발 = 왼발 앞 차기
　서는 **방법** = 좌, 앞 굽이
　팔 = 좌 주먹 상단 **바로** 지르기

태극 2장

[8-2]　　　　　[9]

[10-1]　　　　　[10-2]

[11]　　　　　　　　　[12]　　　　　　　　　[13]

⑪ 발 오른발 뒤꿈치를 축으로하여 몸을 좌로 돌리고 왼발을 Ⓔ 방향으로 이동한다.
　서는 방법 = 좌측, 앞 서기
　팔 = 좌, 상단 받기
⑫ 발 = 오른발을 앞(Ⓔ방향)으로 일보 전진한다.
　서는 방법 = 우측으로 앞 서기
　팔 = 우, 상단 받기
⑬ 발 = 오른발 뒤꿈치를 축으로하여 몸을 좌로 돌리고, 왼발을 Ⓕ 방향으로 이동한다.
　서는 방법 = 좌측, 앞 서기
　팔 = 우, 중단 안쪽 받기
⑭ 발 = 왼발을 그대로 몸을 우로 돌리고 Ⓓ방향을 향한다.
　서는 방법 = 우측, 앞 서기
　팔 = 좌, 중단 안쪽 받기
⑮ 발 = 왼발을 끌어 당겨 올리고, 오른발에 붙이듯이 하여 Ⓐ 방향으로 이동한다.
　서는 방법 = 좌측, 앞 서기　　팔 = 좌측 하단 보내기

태극 2장

[14]　　　[15]

[15]의 뒷면

[16-1]　　　　　　　　[16-2]

16 발 = 오른발 앞 차기
　서는 방법 = 오른쪽 앞 서기
　팔 = 오른 주먹 중단 바로 지르기
17 발 = 왼발 앞 차기
　서는 방법 = 좌측 앞 서기
　팔 = 좌측 주먹 중단 바로 지르기

[16-1]의 뒷면

[16-2]의 뒷면

태극 2장

[17-1]　　　　　[17-2]

〔17-1〕의 뒷면　〔17-2〕의 뒷면

83

[18-1]　　　　　[18-2]

　[18-1]의 뒷면　　　[18-2]의 뒷면

태극 2 장

[그만]

18 발 = 오른발 앞 차기
  서는 방법 = 우측 앞 서기
  팔 = 오른 주먹 중단 **바로** 지르기(기합)
「그만!」으로 몸을 좌로 돌리고, 왼발도 왼쪽으로 이동하여 준비 자세로 돌아간다.

태극 3장 (Taegeuk 3 Jang)

태극 3장은 「리(離)」의 의미이다. 리란, 불과 같이 뜨겁고 밝다는 의미이다. 따라서 태극 3장의 형은, 활기있는 동작을 의미하며, 하단 보내기, 앞 차기 지르기 외에, 손날 치기, 손날 받기 등 다양한 기(技)로 구성되어 있다.

연무선(演武線)은 「☰」의 부호로 표시되어 있다.

이 형은 중심 이동의 기초를 만드는 형이며 또 손, 발이나 동체의 움직임이 점차적으로 교차되어 있어, 공격을 막으면서 공격으로 이전하는 것이 가능한 민첩성을 양성할 수 있는 것이다.

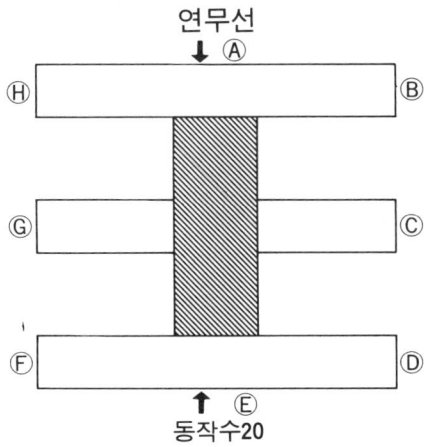

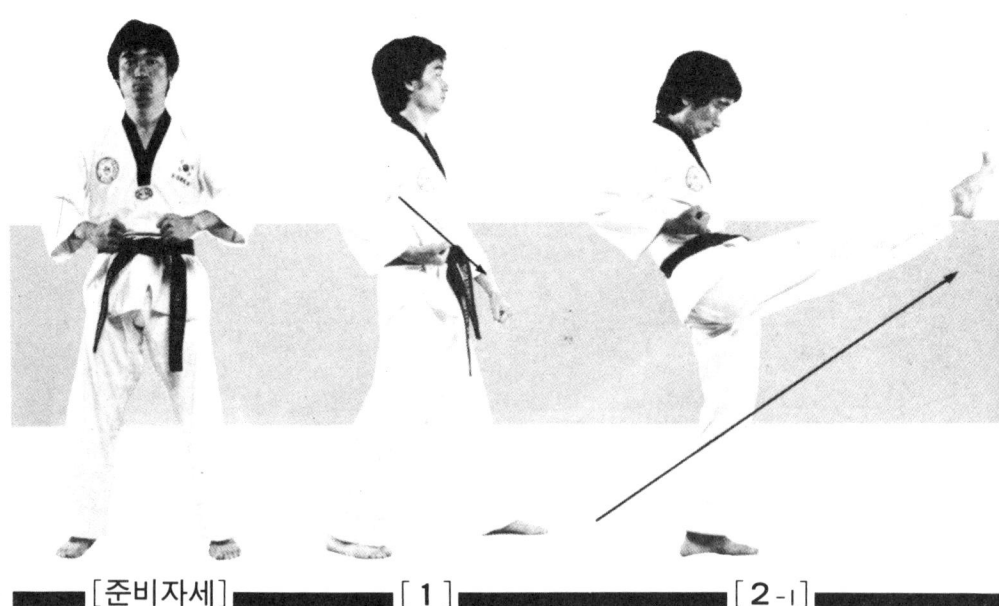

[준비자세]　　[1]　　[2-1]

태극3장

준비자세

1️⃣ 발 = 몸을 좌로 돌리면서, 왼발을 Ⓑ방향으로 향한다.
　서는 방법 = 좌측으로 앞 서기
　팔 = 좌측 하단 보내기
2️⃣ 발 = 오른발 앞 차기
　서는 방　 = 우측 앞 굽이
　팔 = 오른 주먹 중단 바로 지르기, 좌측 주먹 중단 반대 지르기를 연속하여 실시한다.

[2-2]　　[2-3]

[3] [4-1]

3 발 = 왼발 뒤꿈치를 축으로 몸을 오른쪽으로 돌리면서, 오른발을 Ⓗ 방향으로 이동한다.
  서는 방법 = 오른쪽 앞 서기
  팔 = 오른쪽 하단 보내기
4 발 = 좌측 발 앞 차기
  서는 방법 = 좌측 앞 굽이
  팔 = 왼쪽 주먹 중단 바로 지르기, 오른쪽 주먹 중단 반대 지르기의 연속 지르기
5 발 = 오른발 뒤꿈치를 축으로하여 몸을 좌로 돌리면서, 왼발을 Ⓔ 방향으로 이동한다.
  서는 방법 = 좌측 앞 서기
  팔 = 오른 손날 치기(상대의 목쪽으로)
6 발 = 오른발을 1보 앞(Ⓔ방향)으로 전진시킨다.
  서는 방법 = 오른쪽 앞 서기
  팔 = 왼 손날 치기

태극3장

[4-2]　　　　　　　[4-3]

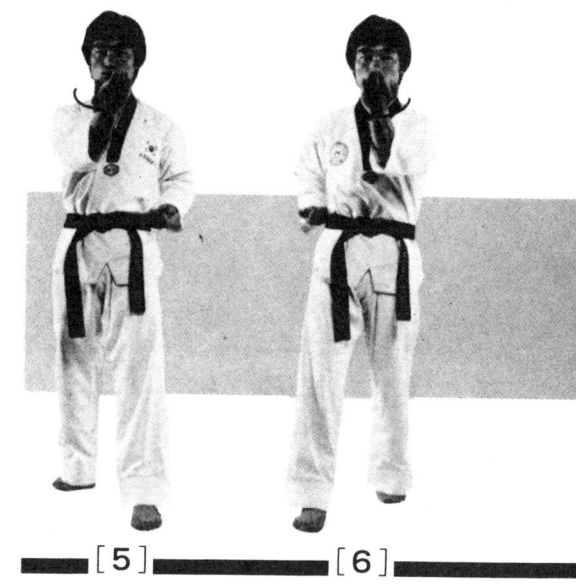

[5]　　　[6]

[7] 발 = 오른발 그대로, 왼발을 ⓒ방향으로 이동한다.
   서는 **방법** = 좌측 뒷굽이
   팔 = 좌측 중단 손날 받기
[8] 발 = 오른발 그대로, 왼발을 앞(ⓒ방향)으로 낸다.
   서는 **방법** = 좌측 앞굽이
   팔 = 오른 주먹 중단 반대 지르기

태극3장

[9] [10]

⑨ 발 = 왼발 그대로하여 몸을 우측으로 돌리고 ⓖ방향을 향한다.
　서는 방법 = 오른쪽 뒷굽이
　팔 = 오른쪽 중단 손날 받기
⑩ 발 = 왼발 그대로, 오른발을 앞(ⓖ방향)으로 낸다.
　서는 방법 = 오른쪽 앞굽이
　팔 = 왼 주먹 중단 반대 지르기

[11] [12] [13]

11 발 = 오른발 그대로, 왼발을 Ⓔ 방향으로 낸다.
   서는 방법 = 왼쪽 앞서기
   팔 = 오른쪽 중단 받기
12 발 = 오른발 앞(Ⓔ방향)으로 전진시킨다.
   서는 방법 = 우측 앞서기
   팔 = 좌측 중단 안쪽 받기
13 발 = 오른발 뒤꿈치를 축으로하여 좌로 돌고, 왼발을 Ⓕ 방향으로 향한다.
   서는 방법 = 좌측 앞서기
   팔 = 좌측 하단 보내기
14 발 = 오른발 앞 차기
   서는 방법 = 오른쪽 앞굽이
   팔 = 오른 주먹 중단 바로 지르기, 왼쪽 주먹 중단 반대 지르기의 연속 동작을 실시한다.

태극 3장

[14-1]

[14-2]　　　　　　　　　[14-3]

[15]　　　　　　　　　　[16-1]

15 발 : 왼발 뒤꿈치를 축으로 오른쪽으로 돌고, 오른발을 ⓓ방향으로 향하게 한다.
　　서는 방법 : 우축 앞서기
　　팔 : 오른쪽 하단 보내기
16 발 : 왼발 앞차기
　　서는 방법 : 좌측 앞 굽이
　　팔 : 왼주먹 중단 바로 지르기, 오른 주먹 중단 반대 지르기의 연속 지르기.

태극3장

[16-2]　　　　　[16-3]

[17-1] 　　　　　　　　　[17-2]

17 발 : 오른발 뒤꿈치를 축으로 하여 몸을 좌측으
　　　로 돌리고, 왼발은 Ⓐ방향으로 향한다.
　서는 방법 : 좌측 앞서기
　　팔 : 좌측 하단으로 보내고 계속해서 오른손 주먹
　　　　중단 반대 지르기
18 발 : 오른발을 1보 앞(Ⓐ방향)으로 전진한다.
　서는 방법 : 우측 앞서기
　　팔 : 오른쪽 하단으로 보내고 계속하여 왼쪽 주먹
　　　　을 중단 반대 지르기

〔17－1〕의 뒷면

태극 3장

[18-1]　　　　　　　　[18-2]

〔17-2〕의 뒷면　　　〔18-1〕의 뒷면　　　〔18-2〕의 뒷면

[19-1]

19 발: 왼발 앞 차기
　서는 방법: 좌측 앞서기
　팔: 좌측 하단 보내고 이어서 오른쪽 주먹 중
　　단 반대지르기

[19-1]의 뒷면

태극 3장

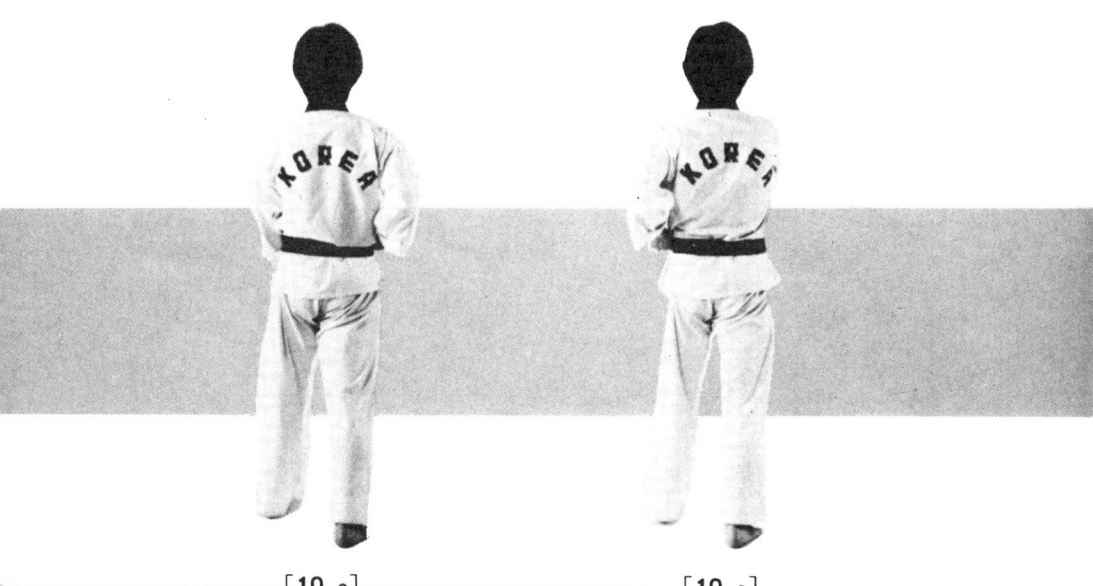

[19-2]　　　　　　　　[19-3]

　[19-2]의 뒷면　　　[19-3]의 뒷면

[20-1]　　　　　　　[20-2]　　　　　　　[20-3]

[20-1]의 뒷면　　　[20-2]의 뒷면　　　[20-3]의 뒷면

[그만]

20 발 : 오른발 앞 차기
　서는 방법 : 우측 앞서기
　팔 : 오른쪽 하단 보내고, 이어서 왼쪽 주먹 중단 반대 지르기 (기합)
「그만!」으로 몸을 좌로 돌리고, 왼발을 끌어 당겨 준비자세로 되돌아 간다.

태극 4장 (Taegeuk 4 Jang)

태극 4장은 「진(震)」을 의미한다. 진이란 경계심을 갖는 겸허한 태도와 의연한 권위를 지닌 것을 의미한다.

이 형은 손날 받기, 손날 치기, 편손끝 등으로 시작하여 중단 밖 보내기 옆 차기 등의 기(技)도 들어 있다. 중단 밖(外)받기는 어려운 동작이기 때문에, 세심한 주의를 기울여 연무해야 한다. 또 옆 차기에서는 동작 선상에 중심을 단단히 유지, 다리가 지면에서 벗어나지 않도록 주의해야 할 필요가 있다.

연무선은 「☳」의 부호로 나타낸다.

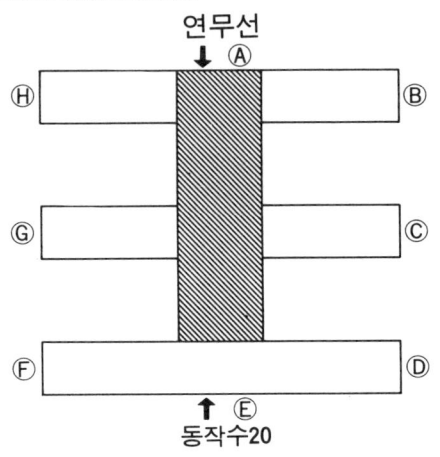

[준비자세]　　　[1]

태극 4장

준비자세

1 발 : 몸을 좌로 돌리고, 왼발을 ⓑ방향으로 향한다.
  서는 방법 : 우측 뒷굽이
  팔 : 왼쪽 중단 손날 받기

2 발 : 오른발을 1보 앞(ⓑ방향)으로 전진시킨다.
  서는 방법 : 우측 앞굽이
  팔 : 왼쪽 손바닥 밑으로 상대의 차기를 위에서 아래로 내려보내고 오른쪽 편 손끝.

3 발 : 좌측 발 뒤꿈치를 축으로 하여 몸을 오른쪽으로 돌리고, 오른발을 ⓗ 방향으로 이동한다.
  서는 방법 : 좌측 뒷굽이
  팔 : 오른쪽 중단 손날 받기

[2]　　　　　　　　　[3]

[4] [5] [6-1]

4 발 : 왼발을 1보 앞(H방향)으로 전진한다.
   서는 방법 : 좌측 앞굽이
   팔 : 오른쪽 손바닥 밑으로 상대의 차기를 위해서 아래로 내리면서 오른손 편 손끝.

5 발 : 오른발 뒤꿈치를 축으로 몸을 좌로 돌리고 왼발을 E방향으로 이동한다.
   서는 방법 : 좌측 앞굽이
   팔 : 왼손은 손칼의 형으로 자신의 이마 앞에 준비하고 오른손으로 상대의 목에 손날을 친다.

6 발 : 오른발 앞 차기
   서는 방법 : 우측 앞서기
   팔 : 좌측 주먹 중단 반대 지르기

7 발 : E방향으로 좌측 옆 차기

8 발 : 왼발을 내리는 것과 동시에 E방향으로 오른쪽 옆 차기.
   서는 방법 : 좌측 뒷굽이
   팔 : 오른쪽 중단 손날 받기

태극 4 장

[6-2]　　[7]

[8-1]　　[8-2]

[9]   [10-1]

⑨ 발: 오른발 뒷꿈치를 축으로 몸을 좌측으로 돌리고, 왼발을 Ⓕ방향으로 이동한다.
  서는 방법: 좌측 뒷굽이
  팔: 좌측 중단 밖 받기
⑩ 발: 오른발 앞 차기 다음, 미끄러지면서 왼발을 끌어당긴다.
  서는 방법: 우측 뒷굽이
  팔: 우측 중단 밖 받기.
⑪ 발: 몸을 오른쪽으로 돌리고, 오른발을 Ⓓ방향으로 향한다.
  서는 방법: 좌측 뒷굽이
  팔: 오른쪽 중단 밖 받기
⑫ 발: 왼발 앞 차기 다음, 미끄러지면서 오른발을 끌어 당긴다.
  서는 방법: 왼쪽 뒷굽이
  팔: 좌측 중단 안쪽 받기

태극 4 장

[10-2]　　　　[11]

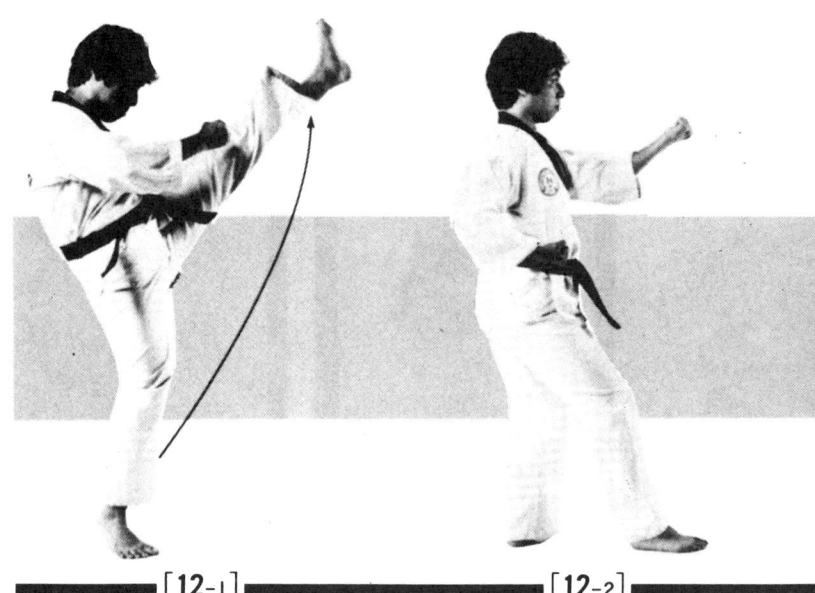

[12-1]　　　　[12-2]

[13] [14-1]

[13]의 뒷면

[14-1]의 뒷면

태극 4 장

[14-2]

[14-2]의 뒷면

13 발 : 오른발 그대로, 왼발을 Ⓐ 방향으로
    이동한다.
  서는 방법 : 왼쪽 앞굽이
  팔 : 손날 치기
14 발 : 오른발 앞차기
  서는 방법: 오른쪽 앞굽이
  팔 : 오른 주먹 상단 등주먹

15 발 : 오른발 그대로, 왼발을 ⓖ방향으로 이동한다.
　서는 방법 : 좌측 앞서기
　　팔 : 좌측 중단 안쪽 받기
16 발 : 15 그대로
　서는 방법 : 15 그대로
　　팔 : 오른 주먹 중단 반대 지르기.

태극 4 장

[17] 발: 양발은 그대로 두고 몸을 우측으로 돌리고 Ⓑ 방향을 향한다.
　서는 방법: 우측 앞서기
　팔: 우측 중단 안쪽 받기
[18] 발: [17]의 그대로
　서는 방법: [17]의 그대로
　팔: 왼쪽 주먹 중단 반대 지르기

[19-1]

19 발: 오른발 그대로 왼발을 Ⓐ방향으로 이동한다.
　서는 방법: 좌측 앞굽이
　팔: 좌측 중단 안쪽 받기를 한 다음, 오른쪽 주먹 중단 반대 지르고, 왼쪽 주먹 중단 바로 지르기를 연이어 지른다.

[19-1]의 뒷면

태극 4 장

[19-2]　　　　　　　　[19-3]

〔19-2〕의 뒷면　　〔19-3〕의 뒷면

113

[20-1]　　　　　　　　[20-2]　　　　　　　　[20-3]

　[20-1]의 뒷면　　　　[20-2]의 뒷면　　　　[20-3]의 뒷면

태극 4 장

[20-4]　　　　　　[그만]

[20-4]의 뒷면

20 발 : 오른발을 1보 앞(Ⓐ 방향)으로 전진시킨다.
　서는 방법 : 우측 앞굽이
　팔 : 우측 중단 안쪽 받기를 한 다음 좌측 주먹 중
　　단 반대 지르기를 한다. 오른쪽 주먹 중단
　　바로 지르기, 좌측 주먹 중단 반대 지르기를
　　연속 한다. (기합)

「그만!」으로 몸을 좌측으로 돌리고, 왼발을 끌어
당겨 준비 자세로 돌아가도록 한다.

115

태극 5 장 (Taegeuk 5 Jang)

태극 5장은 「선(巽)」을 의미하고 선은 풍(風)을 의미한다. 풍은 미풍과 강풍이 있으며, 미풍은 조용함을 강풍은 위세를 의미한다.

태극 5장의 형도 이러한 의미를 갖으며, 연무도 단조롭고 조용하게 진행되는데 후반으로 전진함에 따라 점차 강하게 된다. 메주먹, 팔꿈치 치기 등의 기(技)도 들어 있다.

연무선은 「☴」의 부호로 나타내고, 이것은 하늘(天)과 사람(人)이 기본이며, 그 사이에 일어나는 바람(風)을 의미한다.

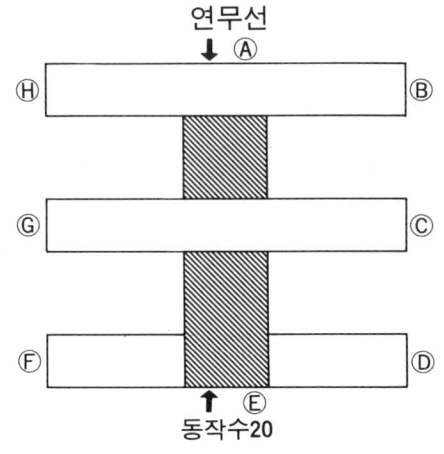

[준비자세]　　　　[1]　　　　[2]

태극5장

준비자세

1 발 : 몸을 좌측으로 돌리고, 왼발을 Ⓑ방향으로 내 디딘다.
   서는 방법 : 좌측 앞굽이
   팔 : 좌측 하단 보내기
2 발 : 왼발을 오른발 쪽으로 조금 당겨 가까이 한다.
   서는 방법 : 좌측 앞서기. 시선은 Ⓑ방향. 몸은 Ⓔ방향을 향한다.
   팔 : 왼팔을 몸의 앞에서 원을 그리면서 메주먹으로 위에서 쳐 내린다.
3 발 : 몸을 오른쪽으로 돌리고, 오른발을 Ⓗ방향으로 내 디딘다.
   서는 방법 : 우측 앞굽이
   팔 : 우측 하단 보내기
4 발 : 오른발을 왼발 쪽으로 조금 당겨 가까이하고
   서는 방법 : 우측 앞서기. 시선은 Ⓗ방향. 몸은 Ⓔ방향을 향한다.
   팔 : 오른팔을 몸 앞에서 원을 그리면서 메주먹으로 위에서 쳐 내린다.

[3]   [4]

[5-1]　　　[5-2]　　　[6-1]

5 발 : 오른발 그대로, 왼발을 Ⓔ방향으로 1보 내 디딘다.
　서는 방법 : 좌측 앞굽이
　팔 : 좌측 중단 팔꿈치 치기

6 발 = 오른발 앞차기.
　서는 방법 : 우측 앞굽이
　팔 : 우측 중단 안쪽 받기를 하고 이어서 좌측 중단 안쪽 받기.

7 발 : 좌측 발 앞 차기
　서는 방법 : 좌측 앞굽이
　팔 : 왼쪽 주먹 중단 안쪽 받기 이어서 오른쪽 중단 안쪽 받기.

태극5장

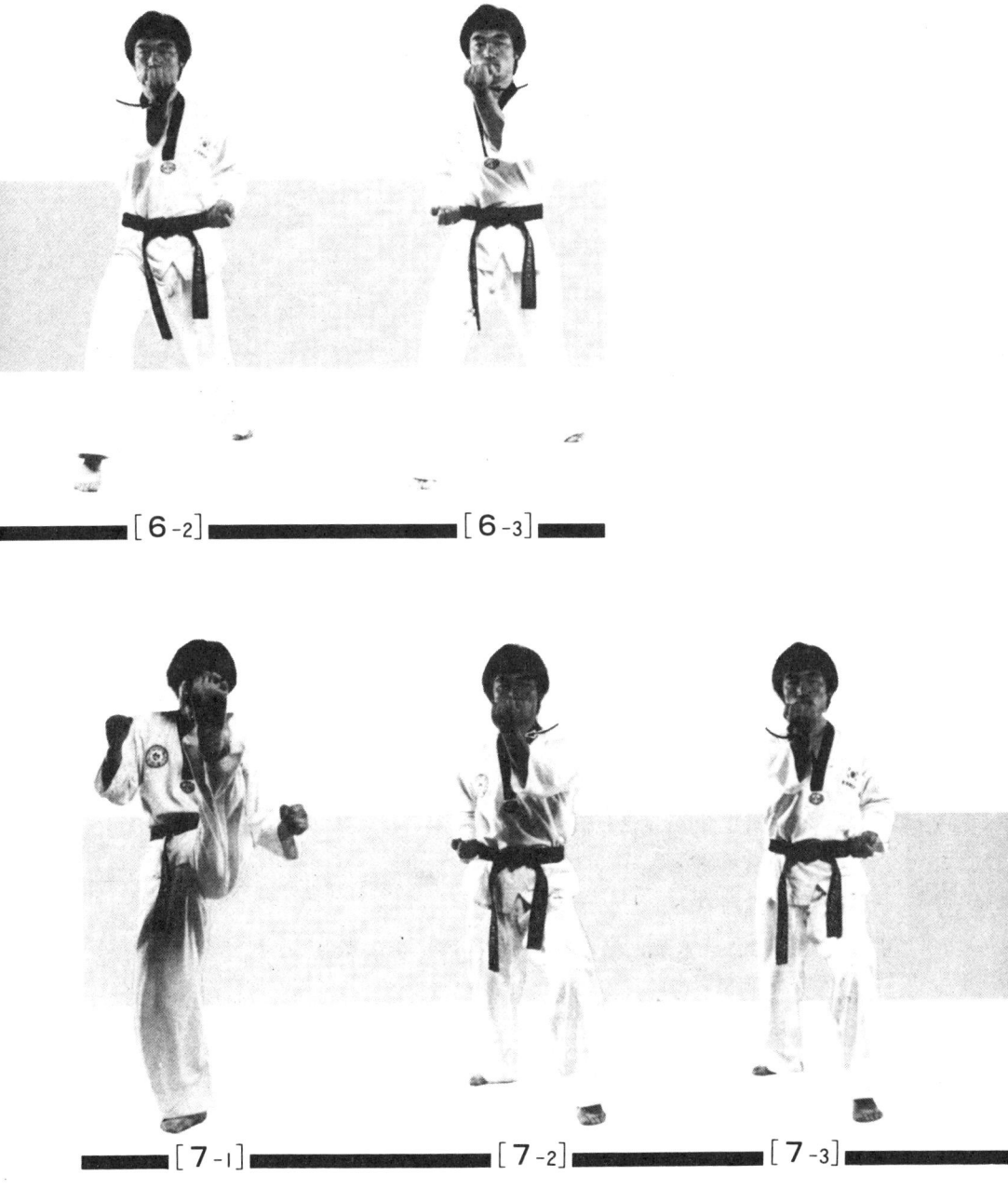

[6-2]　　[6-3]

[7-1]　　[7-2]　　[7-3]

⑧ 발 : 오른발을 1보 Ⓔ방향으로 전진한다.
　　서는 방법 : 우측 앞굽이
　　팔 : 오른쪽 주먹 상단 등주먹.
⑨ 발 : 오른발 뒷꿈치를 축으로 몸을 좌로 돌리고, 왼발을 Ⓕ방향으로 이동한다.
　　서는 방법 : 우측 뒷굽이
　　팔 : 왼쪽 중단 손날 받기
⑩ 발 : 오른발을 1보 앞(Ⓕ방향)으로 전진한다.
　　서는 방법 : 우측 앞굽이
　　팔 : 오른쪽 중단 팔꿈치 치기.
⑪ 발 : 왼쪽 발 뒤꿈치를 축으로 몸을 오른쪽으로 돌리고, 오른발을 Ⓓ방향으로 이동한다.
　　서는 방법＝좌측 뒷굽이.
　　팔＝오른쪽 중단 손날 받기.
⑫ 발 : 왼발을 1보 앞(Ⓓ 방향)으로 나간다.
　　서는 방법＝좌측 앞굽이.
　　팔＝왼쪽 중단 팔꿈치 치기.

태극5장

[10]

[11]   [12]

[13-1]　　　　　　[13-2]　　　　　　[14-1]

〔13-1〕의 뒷면　　　〔13-2〕의 뒷면　　　〔14-1〕의 뒷면

태극 5 장

[14-2]　　　　　[14-3]

〔14-2〕의 뒷면　〔14-3〕의 뒷면

13 발 : 우측 발 뒷꿈치를 축으로 몸을 좌로 돌리고, 좌측 발을 Ⓐ방향으로 이동한다.
　서는 방법 : 좌측 앞굽이
　팔 : 좌측 하단 보내고 이어 우측 중단 안쪽 받기
14 발 : 오른발 앞 차기
　서는 방법 : 우측 앞굽이
　팔 : 우측 하단 보내고 이어서 좌측 중단 안쪽 받기

[15] [16-1]

태극5장

[16-2]　　　　　　　　　[17]

15 발 : 오른발 그대로 왼발을 Ⓗ방향으로 이동.
　서는 방법 : 좌측 앞서기
　팔 : 좌측 상단 받기.
16 발 : Ⓗ방향으로 오른발 옆 차기
　서는 방법 : 오른쪽 앞굽이
　팔 : 좌측 중단 팔꿈치 치기
17 발　좌측 뒤꿈치를 축으로 몸을 돌리고, 오른발을 Ⓑ방향으로 이동한다.
　서는 방법 : 우측 앞서기
　팔 : 우측 상단 받기

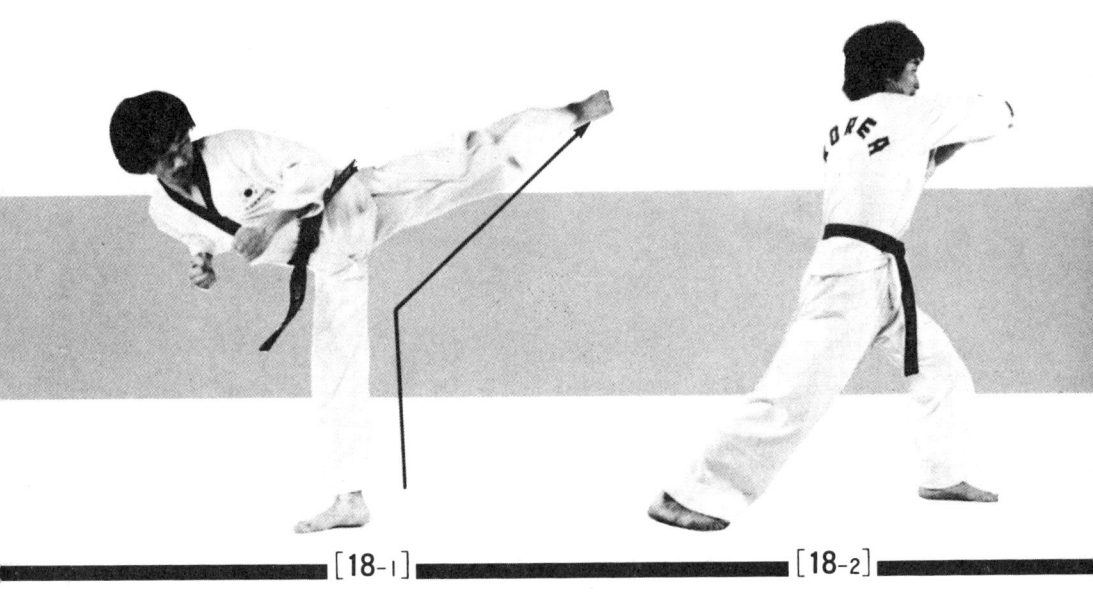

[18-1]　　　　　　　　　　　　[18-2]

18 발: ⒝방향으로 왼발로 옆 차기 한다.
　　서는 방법: 좌측 앞굽이
　　팔: 우측 중단 팔꿈치 치기
19 발: 우측 발 뒤꿈치를 축으로 몸을 좌측으로 돌리고, 좌측 발을 ⒜ 방향으로 이동.
　　서는 방법: 좌측 앞굽이
　　팔: 좌측 하단 보내기 이어서 우측 중단 안쪽 받기

태극 5 장

[19-1] [19-2]

〔19-1〕의 뒷면   〔19-2〕의 뒷면

[20-1]  [20-2]

〔20-1〕의 뒷면

〔20-2〕의 뒷면

태극 5 장

[그만]

20 발 : 우측 발 앞차기 다음, 1보 뛰어넘기.
　서는 방법 : 교차하여 서기
　팔 : 오른쪽 등 주먹 (기합)
「그만!」으로 몸을 좌로 돌리고, 준비자세로 되돌아 간다.

태극 6장 (Taegeuk 6 Jang)

태극 6장은 「감(坎)」을 의미하고, 감은 물과 같이 유연한 것을 의미한다.
즉 태극 6장은 부드러운 동작으로 연무하는 장이다.
손날 상단 받기나, 몸을 비틀어 실시하는 동작, 돌려 차기 등의 기(技)도 들어 있다.
연무선은 「☵」의 부호로 나타내며, 이것은 사람과 만물의 생명을 키우는 물의 근원을 의미한다.

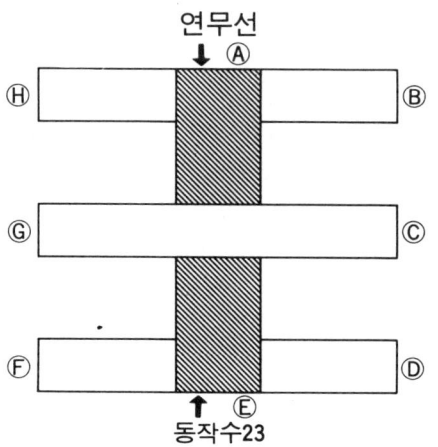

동작수23

[준비자세]　　[1]　　[2-1]

태극6장

준비자세

1 발: 몸을 좌측으로 돌리고, 왼발을 Ⓑ방향으로 내 디딘다.
　서는 방법: 좌측 앞굽이
　팔: 좌측 하단 보내기
2 발: 우측 발 앞 차기를 한 다음, 좌측발을 조금 끌어 당긴다.
　서는 방법: 우측 뒷굽이
　팔: 왼쪽 중단 밖 받기
3 발: 좌측 발 그대로 몸을 우측으로 돌리고, 오른쪽 발을 Ⓗ방향으로 향한다.
　서는 방법: 오른쪽 앞굽이
　팔: 오른쪽 하단 보내기

[2-2]　　　[3]

[4-1]　　　　　　　　[4-2]

4 발 : 좌측 발 앞 차기를 한 다음 오른발을 조금 끌어 당긴다.
　 서는 방법 : 좌측 뒷굽이
　 팔 : 우측 중단 밖 받기
5 발 : 우측 발 그대로 왼쪽발을 Ⓔ방향으로 이동.
　 서는 방법 : 좌측 앞굽이
　 팔 : 우측 상단 손날 받기.
6 발 : 오른쪽 발 돌려 차기
7 발 = 찬 발을 내린 다음, 왼발을 1보(Ⓒ 방향) 딛으며 나간다.
　 서는 방법 : 좌측 앞굽이
　 팔 : 좌측 중단 밖 받기에 이어, 우측 중단 반대 지르기

태극6장

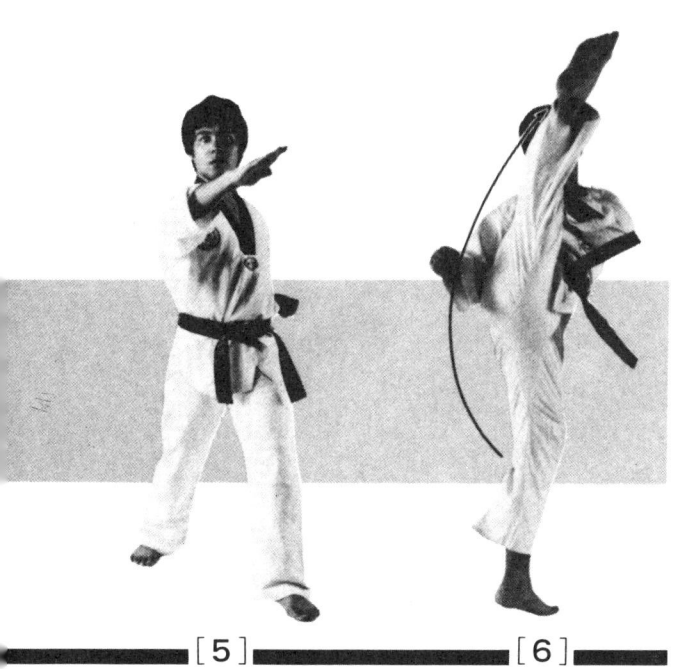

[5]　　　　　[6]

[7-1]　　　　　[7-2]

[8-1]　　　　　　[8-2]

134

태극 6 장

[9-1]　　　　　　　[9-2]

⑧ 발 : 우측 발 앞 차기
　서는 방법 : 우측 앞굽이
　팔 : 좌측 중단 반대 지르기
⑨ 발 : 좌측 발 뒤꿈치를 축으로 몸을 우측으로 돌리고, 우측 발을 ⑪방향으
　　　로 이동
　서는 방법 : 우측 앞굽이
　팔 : 우측 중단 밖 받기에 이어 좌측 주먹 중단 반대 지르기

[10-1] [10-2]

10 발 : 좌측 발 앞 차기
   서는 방법 : 좌측 앞굽이
   팔 : 우측 주먹 중단 반대 지르기
11 발 : 우측발 뒤꿈치를 축으로 좌측으로 돌고, 좌측 발을 우측발의 반보 옆으로 이동한다.
   서는 방법 : 자연스럽게 선다.
   팔 : 상단 십자 받기를 한 다음 양팔을 양쪽으로 벌린다.
12 발 : 왼발 그대로, 오른발을 앞(Ⓔ방향)으로 1보 내디딘다.
   서는 방법 : 우측 앞굽이
   팔 : 좌측 상단 손날 받기
13 발 : 좌측 발 돌려 차기 (기합)

태극6장

[11-1]　　　[11-2]

[12]　　　[13]

[14]　　　　　[15-1]

[14] 발 : 찬 발을 내리고 몸을 우측으로 돌리고, 오른발을 1보 ⓓ방향으로 내디딘다.
　서는 방법 : 우측 앞굽이
　팔 : 우측 하단 보내기
[15] 발 : 좌측 발 앞차기를 한 다음, 우측 발을 조금 당긴다.
　서는 방법 : 좌측 뒷굽이
　팔 : 우측 중단 밖 받기
[16] 발 : 우측 발 그대로 몸을 좌로 돌리고, 좌측 발을 ⓕ방향으로 향한다.
　서는 방법 : 좌측 앞굽이
　팔 : 좌측 하단 보내기
[17] 발 : 우측 발 앞 차기를 한 다음, 좌측 발을 1보 앞(ⓕ방향)으로 전진시킨다.
　서는 방법 : 우측 뒷굽이
　팔 : 좌측 중단 밖 받기

태극6장

[15-2]　　　[16]

[17-1]　　　[17-2]

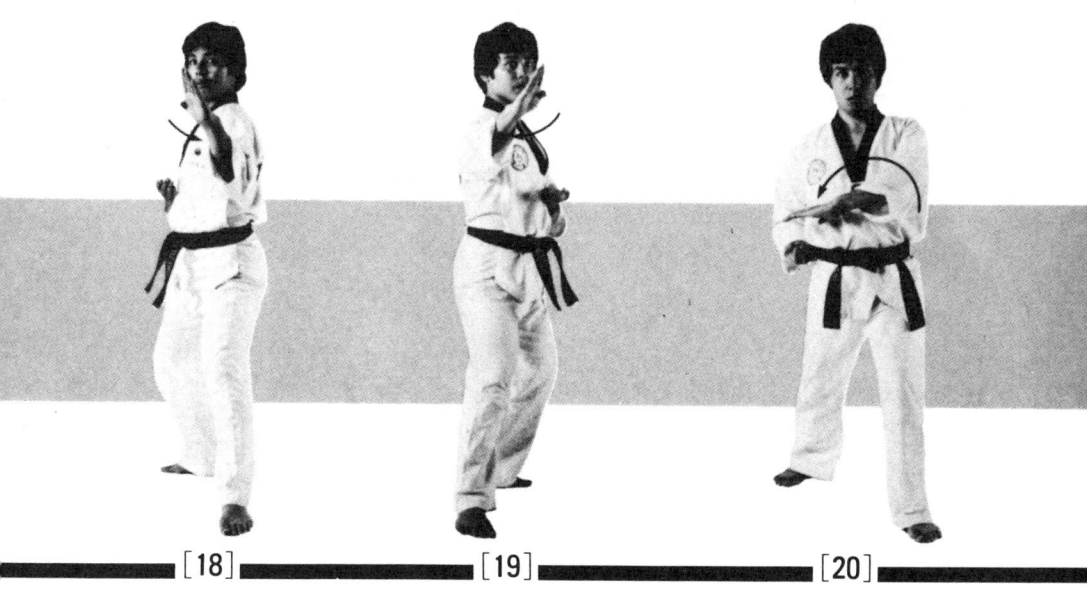

18 발 : 좌측 발 그대로 몸을 좌로 돌리고, 우측 발을 Ⓐ방향으로 이동한다.
　서는 방법 : 우측 뒷굽이
　팔 : 좌측 중단 손날 받기
19 발 : 좌측 발을 1보 뒤로 (Ⓐ방향)내린다.
　서는 방법 : 좌측 뒷굽이
　팔 : 우측 중단 손날 받기
20 발 : 우측 발을 1보 뒤로(Ⓐ방향)내린다.
　서는 방법 : 좌측 앞굽이
　팔 : 좌측 중단 손바닥 받기
21 발 : 양 발 20 그대로
　서는 방법 : 좌측 앞굽이
　팔 : 우측 주먹 중단 반대 지르기

태극6장

[21]　　　　　　　[22]

22 발 : 좌측 발을 1보 뒤로 (Ⓐ방향)내린다.
　　서는 방법 : 우측 앞굽이
　　팔 : 우측 중단 손날 받기.
23 발 : 양 발 22 그대로
　　서는 방법 : 우측 앞굽이
　　팔 : 좌측 주먹 중단 반대 지르기.
「그만!」이란 소리로 준비 자세로 돌아간다.

[23]　　　　　　　[그만]

태극 7 장(Taegeuk 7 Jang)

태극 7장은「간(艮)」을 의미하며, 간(艮)은 산을 상징하고, 산은 중후함을 의미한다. 따라서 이 형은 중후한 힘을 갖고 하나하나의 동작을 절도있게 연무하는 것이 중요하다.

기술적으로는 여러가지 기(技)가 조합되어 있으며, 이제까지 형보다 진도가 높아진다.

연무선은「☶」의 부호로 나타낸다.

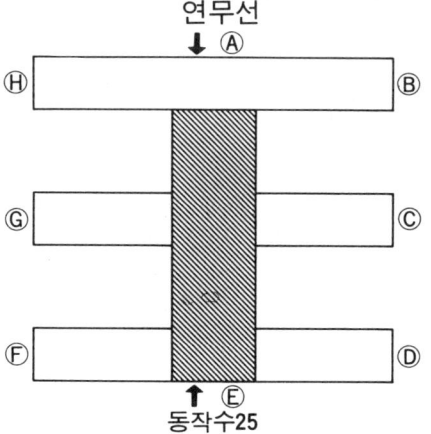

[준비자세]　　　　　[1]

태극 7장

준비자세

1 발 : 몸을 좌로 돌리고, Ⓑ방향을 향한다.
　서는 방법 : 왼쪽 범서기
　팔 : 우측 중단 손바닥 받기
2 발 : 오른발 앞 차기를 한 다음, 본래의 위치로 되돌아 온다.
　서는 방법 : 좌측 범서기
　팔 : 좌측 중단 밖 받기

[2-1]　　　　[2-2]

③ 발: 좌측 발을 축으로 몸을 우측으로 돌리고, ⒣방향을 향한다.
　서는 방법: 우측 범서기
　팔: 좌측 중단 아래 손바닥 받기
④ 발: 좌측 발 앞 차기를 한 다음, 본래의 위치로 되돌아 온다.
　서는 방법: 우측 범서기
　팔: 우측 중단 받기
⑤ 발: 우측 발 그대로 좌측 발을 ⒠방향으로 이동한다.
　서는 방법: 우측 뒷굽이
　팔: 좌측 손날 하단 보내기
⑥ 발: 우측 발을 1보 앞(⒠방향)으로 전진한다.
　서는 방법: 좌측 뒷굽이
　팔: 우측 손날 하단 보내기

[7]　　　　　　　[8]

태극7장

[9]　　　　　　　　　　　[10]

7 발 : 우측 발 그대로, 좌측 발을 ⓒ 방향으로 이동한다.
　　서는 방법 : 좌측 범서기
　　팔 : 우측 중단 눌러 받기
8 발 : 7 그대로
　　서는 방법 : 7 그대로
　　팔 : 오른쪽 주먹은 펴고 전방 ⓒ 방향으로 등 주먹을 친다.
9 발 : 좌측 발을 축으로 몸을 우로 돌리고 ⓖ방향을 향한다.
　　서는 방법 : 우측 범서기
　　팔 : 좌측 중단 눌러 받기
10 발 : 9 그대로
　　서는 방법 : 9 그대로
　　팔 : 왼쪽 주먹을 펴고, 전방 ⓖ방향 으로 등 주먹을 친다.

[11]　　　　　　[12-1]　　　　　　[12-2]

⑪ 발: 오른발 그대로, 좌측 발을 오른발에 붙이고 Ⓔ 방향으로 향한다.
　 서는 방법: 모아선다.
　 팔: 오른 주먹을 왼 손바닥으로 싸듯이하여 턱 앞으로 준비한다.
⑫ 발: 왼발을 1보 앞(Ⓔ 방향)으로 전진한다.
　 서는 방법: 좌측 앞굽이
　 팔: 끼워 받은 다음, 팔을 바꾸어 다시 끼워 받는다.
⑬ 발: 오른발을 1보 앞(Ⓔ 방향)으로 전진시킨다.
　 서는 방법: 오른쪽 앞굽이
　 팔: 끼워 받은 다음, 팔을 바꾸어 다시 끼워 받는다.
⑭ 발: 우측 발 뒤꿈치를 축으로 몸을 좌측으로 돌리고, 왼발을 Ⓕ 방향으로
　　　 이동한다.
　 서는 방법: 좌측 앞 굽이
　 팔: 중단 나누어 받기

태극 7 장

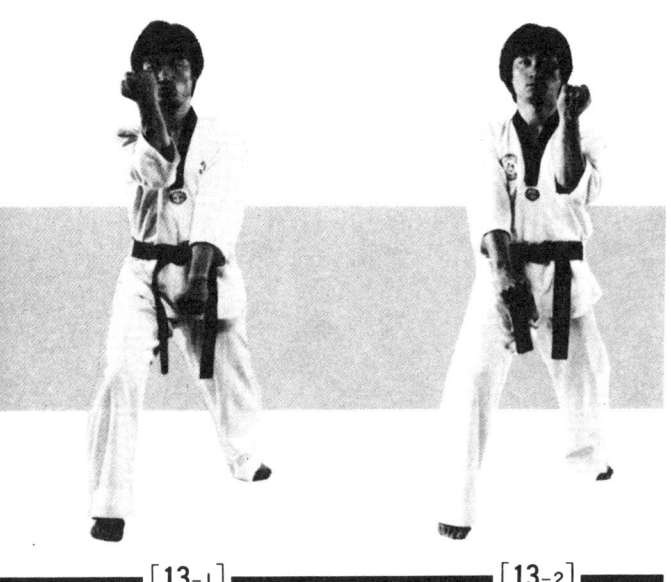

[13-1] [13-2]

[14]

[15-1]　　　　　[15-2]　　　　　[16]

15 발 : 오른 무릎 차기를 한 다음, 1보 안으로 디딘다.
　 서는 방법 : 교차하여 선다.
　 팔 : 양 주먹의 등을 아래로 하고 중단 쌍수 지르기
16 발 : 좌측 발을 뒤로 (① 방향) 끌어 당긴다.
　 서는 방법 : 오른쪽 앞굽이
　 팔 : 하단 십자 받기
17 발 : 좌측발 뒤꿈치를 축으로 몸을 오른쪽으로 돌리고, 우측 발을 ① 방향
　　　으로 이동한다.
　 서는 방법 : 우측 앞굽이
　 팔 : 중단 나누어 받기
18 발 : 좌측 무릎 차기를 한 다음, 1보 안으로 디딘다.
　 서는 방법 : 교차하여 선다.
　 팔 : 양 주먹의 등을 아래로 하여, 중단 쌍수 지르기

태극 7장

[17]

[18-1] [18-2]

[19]

⑲ 발 : 우측 발을 뒤로 (ⓕ방향)끌어 당긴다.
　서는 방법 : 좌측 앞굽이.
　팔 : 하단 십자 받기
⑳ 발 : 오른쪽 발 뒤꿈치를 축으로 몸을 좌로 돌리고, 좌측 발을 Ⓐ방향으로
　　　이동한다.
　서는 방법 : 좌측 앞서기
　팔 : 좌측 상단 등 주먹 치기
㉑ 발 : 오른발 반달 차기
　서는 방법 : 찬 오른 발을 Ⓐ, Ⓔ 선상에 내리고 주춤선다.
　팔 : 오른쪽 팔꿈치 치기. 시선은 Ⓐ 방향

태극7장

[20]　　　　　[21-1]　　　　　[21-2]

〔20〕의 뒷면

[22]　　　　　　　　[23-1]　　　　　　　　[23-2]

[22]의 뒷면

[22] 발 : 오른발 그대로, 왼발을 조금 끌어당겨붙 인다.
　　서는 방법 : Ⓐ방향으로 향하여 우측 앞서기.
　　팔 : 우측 상단 등 주먹치기
[23] 발 : 왼쪽 발 반달 차기
　　서는 방법 : 찬 왼발을 ⒶⒺ선상에 내리고 주 춤 선다.
　　팔 : 왼쪽 팔꿈치 치기, 시선은 Ⓐ방향에 둔다.

태극 7장

[24]　　　　　　　　[25]　　　　　　　　[그만]

[25]의 뒷면

24 발: 23 그대로
　서는 방법: 23 그대로
　팔: Ⓐ방향으로 왼쪽 하단 손날 받기를 한다.
25 발: 왼발을 1보 Ⓐ방향으로 내 디딘다.
　서는 방법: 주춤 서기
　팔: 왼쪽 주먹을 허리로 끌어 당기고 오른쪽
　　　주먹을 옆으로 지른다.　　(기합)
「그만!」으로 오른발 뒤꿈치를 축으로 몸을 좌
로 돌리고, 왼발을 끌어 당겨 준비 자세로 되돌
아 간다.

태극8장(Taegeuk 8 Jang)

태극 8장은 「곤(坤)」을 의미하고, 곤(坤)은 대지를 의미하며 대지는 만물을 성장시키는 근원이 된다.

이 형은 유급자로써의 최후의 과정이며, 또 유급자로써 제1보의 형이다.

유급자로 승단한다고 하는 것은 기술의 완숙을 의미하는 것이다. 즉 이 형은 기본적인 기(技)을 총정리하여 복습하는 것이다. 따라서 연무도, 중복되는 동작은 줄이고, 다양한 동작으로 구성되어 있다.

연무선은 「☷」의 부호로 나타내고 있다.

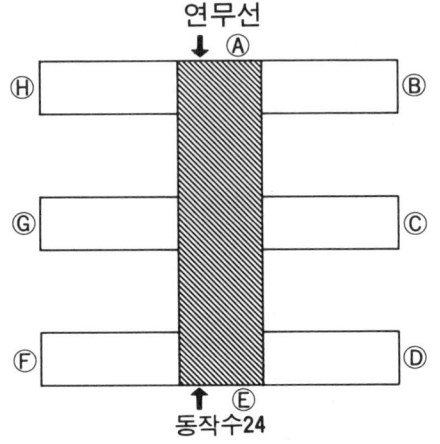

[준비자세]　　[1-1]　　[1-2]　　[2-1]

태극8장

준비자세

1️⃣ 발 : 왼발을 1보 앞(Ⓔ 방향)으로 전진한다.
　 서는 방법 : 우측 뒷굽이
　 팔 : 좌측 중단 밖 받기에 이어 오른쪽 주먹 중단 **반대** 지르기를 한다. 이
　　　 때, 좌측 앞굽이로 선다.

2️⃣ 발 : 2단 차기(기합)
　 서는 방법 : 좌측 앞굽이
　 팔 : 좌측 중단 안쪽 받기에 이어 우측 주먹 중단 **반대** 지르기, 좌측 주먹
　　　 중단 **바로** 지르기의 연속 지르기를 한다.

[2-2]　　　[2-3]　　　[2-4]　　　[2-5]

3 발 : 우측 발을 1보 앞(Ⓔ방향)으로 전진시킨다.
　서는 방법 : 우측 앞굽이
　팔 : 우측 주먹 중단 **바로** 지르기
4 발 : 우측 발 뒤꿈치를 축으로 몸을 **좌**로 돌리고, 좌측 발을 Ⓕ방향으로 이동한다.
　서는 방법 : 우측 앞굽이
　팔 : 좌측 하단 보내기와 우측 상단 받기.
5 발 : 4 그대로
　서는 방법 : 좌측 앞굽이로 바꾸어 Ⓕ 방향으로 향한다.
　팔 : 좌측 주먹을 오른쪽 어깨 쪽으로 끌어 당기고, 오른쪽 주먹을 나란히 하여 턱을 친다.
6 발 : 좌측 발을 Ⓓ방향으로 움직이고 오른발과 교차시켜, 이어서 오른발을 Ⓓ방향으로 1보 전진한다.
　서는 방법 : 좌측 앞굽이
　팔 : 우측 하단 보내기와 좌측 상단 받기

태극8장

[5]

[6-1]   [6-2]

[7] 발 : 양 발 [6]그대로
　서는 방법 : 오른쪽 앞굽이로 바꾸어　ⓓ 방향으로 향한다.
　팔 : 오른 주먹을 왼쪽 어깨 쪽으로 당기고, 왼쪽 주먹으로 턱을 친다.
[8] 발 : 왼발 뒤꿈치를 축으로 오른쪽으로 돌고, 우측 발을 Ⓐ방향으로 이동한다.
　서는 방법 : 우측 뒷굽이
　팔 : 좌측 중단 손날 받기
[9] 발 : 오른발 그대로, 왼발을 조금 앞으로 낸다.
　서는 방법 : 좌측 앞굽이
　팔 : 오른 주먹 중단 **반대** 지르기

태극 8 장

[9]　　　[10-1]　　　[10-2]

10 발 : 오른발 앞 차기를 한 다음, 본래의 위
　　　치로 끌어당겨 되돌리고, 왼발을 1
　　　보 뒤로(Ⓐ방향)끌어 당긴다.
　서는 방법 : 오른발을 조금 끌어당기고, 오
　　　　　　른쪽 범서기.
　팔 : 오른쪽 중단 손바닥 받기.
11 발 : 오른손 그대로 왼손을 Ⓒ방향으로 이
　　　동 한다.
　서는 방법 : 왼쪽 범서기
　팔 : 좌측 중단 손날 받기.

[11]

161

[12-1]　　　　　　　　　　[12-2]

12 발: 좌측 발 앞 차기
　서는 방법: 좌측 앞굽이
　팔: 우측 주먹 중단 **반대** 지르기
13 발: 오른발 그대로, 좌측 발을 조금 끌어당겨 붙인다.
　서는 방법: 좌측 범서기
　팔: 좌측 중단 손바닥 받기
14 발: 좌측 발을 축으로 몸을 오른쪽으로 돌리고, ⓒ방향을 향한다.
　서는 방법: 우측 범서기
　팔: 우측 중단 손날 받기
15 발: 우측 발 앞 차기
　서는 방법: 우측 앞굽이
　팔: 좌측 주먹 중단 **반대** 지르기
16 발: 좌측 발 그대로, 오른발을 조금 끌어 당긴다.
　서는 방법: 우측 범서기
　팔: 우측 중단 손바닥 받기

태극8장

[13] [14] [15-1]

[15-2] [16]

[17] 　　　　　　　[18-1] 　　　　　　　[18-2]

〔17〕의 뒷면 　　　〔18-1〕의 뒷면 　　　〔18-2〕의 뒷면

164

태극 8 장

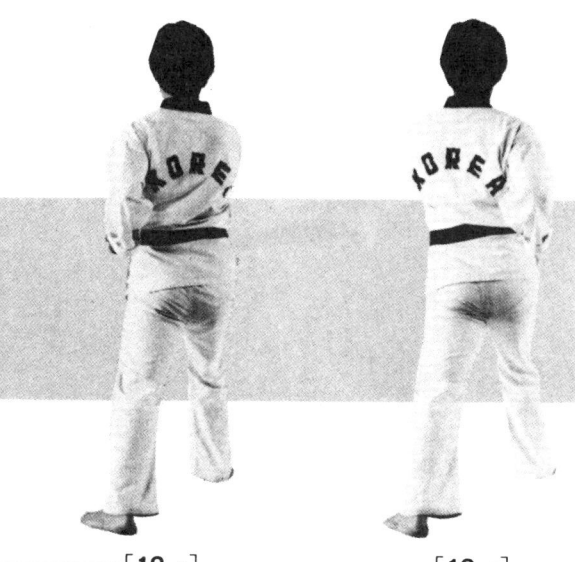

[18-3]　　　　[18-4]

〔18-3〕의 뒷면

〔18- 〕의 뒷면

17 발: 좌측 발 그대로 몸을 우측으로 돌리고, 오른발을 Ⓐ 방향으로 이동.
서는 방법: 좌측 뒷굽이
팔: 우측 하단 보내기

18 발: 우측 발 그대로 왼발 앞 차기를 한 다음, 우측 발 뛰어 차기. (기합)
서는 방법: 우측 앞굽이
팔: 우측 중단 안쪽 받기에 이어 좌측 주먹 중단 반대 지르기

⑲ 발 : 우측 발 뒤꿈치를 축으로 몸을 좌로 돌리고, 왼발을 ⑧ 방향으로 이동
한다.
　서는 방법 : 우측 뒷굽이
　팔 : 좌측 중단 손날 받기
⑳ 발 : 우측 발 그대로, 좌측 발을 조금 앞(⑧ 방향)으로 낸다.
　서는 방법 : 좌측 앞굽이
　팔 : 몸을 좌측으로 비틀어 우측 상단 팔꿈치를 친다.
㉑ 발 : 양발 그대로 몸을 우측으로 비튼다.
　서는 방법 : ⑳ 그대로
　팔 : 우측 주먹의 상단 등 주먹 치기에 이어, 좌측 주먹 중단 **바로** 지르기.

태극 8 장

[21-1] [21-2]

[22] 발 : 왼발 그대로 몸을 우측으로 돌리고, 우측발을 조금 끌어 당겨 Ⓗ방향을 향한다.
　서는 방법 : 좌측 뒷굽이
　팔 : 우측 중단 손날 받기
[23] 발 : 왼쪽 발 그대로 오른발을 조금 앞(Ⓗ방향)으로 낸다.
　서는 방법 : 우측 앞굽이
　팔 : 몸을 우로 비틀고, 왼쪽 상단 팔꿈치 치기.
[24] 발 : 양발 그대로 몸을 좌로 비튼다.
　서는 방법 : [23] 그대로
　팔 : 좌측 주먹 상단 등 주먹 치기에 이어, 우측 주먹 중단 바로 치기를 한다.
「그만 !」으로 몸을 좌로 돌리고, 좌측 발을 끌어 당기고 준비 자세로 되돌아간다.

태극 8장

[24-1]

[24-2]　　　　[그만]

169

고려(高麗)

고려(Koryo)

 오천 년의 역사와 전통을 자랑하는 우리들의 조국(한국). 옛부터 총명한 지혜를 가진 현명한 민족이라고 불리워 왔던 우리는 어느 민족보다도 창조성이 강하여, 문화 예술의 유물은 그 극치에 달해 있다.
 게다가, 태권도의 종주국인 것을 자부하며 고려인의 기지를 높이고, 민족의 혼으로 받아 들여, 동작으로써 표현한 것이「고려」의 형이다.
 연무선은 한자(漢字)의 '사(士)' 자(字) 모양이다. 그 동작에는 우리 민족이 갖고 있는 조용하고 아름다운 모습을 나타내는 깊은 기술이 적용되어져 있다.
 이 형의 생명은 배달(倍達)의 혼을 마음껏 발휘한 태도와, 완급성(緩急性)을 응용한 것에 있다.
 또한 전술(前述)했듯이 이 형의 연무선은 「士」자이고, 수련자는 앞으로 향하여「士」자가 움직이듯이 실시한다. 그러나 사진 설명으로는 몸의 정면에서 촬영하면「干」자 같이 돼버린다. 사진설명과 연무 방향을 틀리지 않도록 주의하기 바란다.

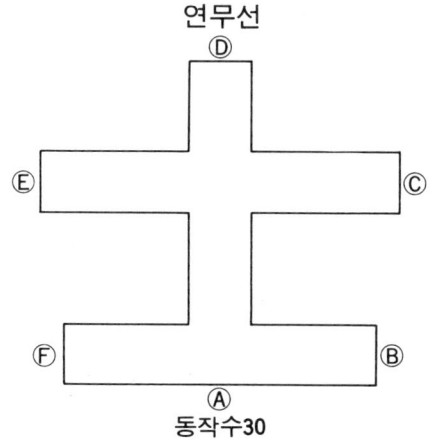

연무선

동작수30

고려(高麗)

준비자세

1️⃣ 발 : 몸을 좌측으로 돌리고, 왼발을 Ⓑ방향으로 이동한다.
  서는 방법 : 우측 뒷굽이
  팔 : 좌측 중단 손날 받기

[준비자세]　　　　[1]

[2-1] [2-2]

② 발 : 오른발로 ⑧ 방향으로 차고, 옆으로 찬다.
　　서는 방법 : 찬 발을 ⑧ⓕ선상에 내리고 우측 앞굽이.
　　팔 : 우측 손날치기
③ 발 : 그대로
　　서는 방법 : 그대로
　　팔 : 좌측 주먹 중단 반대 지르기
④ 발 : 좌측 발 그대로, 우측 발을 조금 끌어당겨 붙인다.
　　서는 방법 : 좌측 뒷굽이
　　팔 : 우측 중단 밖 받기

고려(高麗)

[2-3]   [3]

[4]

5 발: 좌측 뒤꿈치를 축으로 몸을 우측으로 돌리고, 우측 발을 Ⓕ 방향으로 이동한다.
  서는 방법: 좌측 뒷굽이
  팔: 우측 중단 손날 받기
6 발: 좌측 발로 Ⓕ방향으로 차고, 옆으로 찬다.
  서는 방법: 찬 발을 ⒻⒷ선상에 내려 놓고 좌측 앞굽이.
  팔: 좌측 손날 치기.
7 발: 그대로
  서는 방법: 그대로
  팔: 우측 주먹 중단 반대 지르기

고려(高麗)

[6-2]

[6-3]   [7]

[8]　[9-1]　[9-2]

⑧ 발 : 우측 발 그대로, 좌측 발을 조금 끌어 당긴다.
　서는 방법 : 우측 뒷굽이
　팔 : 좌측 중단 밖 받기
⑨ 발 : 우측 발 뒤꿈치를 축으로 몸을 좌측으로 돌리고, 좌측 발을 Ⓐ방향
　　　으로 이동한다.
　서는 방법 : 좌측 앞굽이
　팔 : 좌측 손날 하단 보내기에 이어, 우측 손의 엄지와 인지 손가락 사이를
　　　벌려 상대의 목을 찌른다.
⑩ 발 : 오른발 앞 차기
　서는 방법 : 오른쪽 앞굽이
　팔 : 오른 손날 하단 보내기에 이어, 왼손의 엄지와 인지 손가락 사이를 벌
　　　려 상대의 목을 찌른다.
⑪ 발 : 왼발 앞 차기
　서는 방법 : 왼쪽 앞굽이
　팔 : 왼쪽 손날 하단 보내기에 이어 오른손 엄지와 인지 사이를 벌려 상대
　　　의 목을 찌른다.

고려(高麗)

[10-1]　　　[10-2]　　　[10-3]

[11-1]　　　[11-2]　　　[11-3]

[12-1]　　　　　[12-2]　　　　　[13]

고려(高麗)

[14-1]　　　　　[14-2]　　　　　[15]

12 발 : 오른발 앞 차기
  서는 방법 : 오른쪽 앞굽이
  팔 : 오른쪽 손바닥을 아래에서 위로 허리까지 끌어 올리면서, 좌측 손바닥을 위에서 아래로 누른다.
    (발목을 잡고 무릎을 누르는 동작)
13 발 : 오른발 뒤꿈치를 축으로 하여 몸을 우측으로 돌리고, 왼발을 Ⓐ 방향으로 이동하여 Ⓓ방향을 향한다.
  서는 방법 : 우측 앞굽이
  팔 : 중단 나누어 받기
14 발 : 왼발 앞 차기
  서는 방법 : 좌측 앞굽이
  팔 : 12와는 반대로 좌측 손바닥을 끌어 당겨 올리고, 오른쪽 손바닥을 위에서 아래로 누른다.
15 발 : 그대로
  서는 방법 : 그대로
  팔 : 중단 나누어 받기

[16]　　　　　　　　　　　　[17]

16 발 : 왼발 뒤꿈치를 축으로 몸을 오른쪽으로 돌리고 오른발을 Ⓔ방향으로
   이동한다.
　서는 방법 : 주춤서기
　팔 : Ⓒ방향으로 향하여 좌측 중단 손날 받기
17 발 : 그대로
　서는 방법 : 그대로
　팔 : 오른쪽 주먹 등 주먹 치기
18 발 : 오른발을 왼발 옆으로 이동시킨 다음, 왼발로 옆 차기를 한다.
　서는 방법 : 찬 발을 ⒸⒺ선상에 내려놓고 우측 앞굽이
　팔 : 왼쪽 손바닥을 위로 향하여 침과 동시에 오른손 손바닥을 왼쪽 어깨
   쪽으로 가져 간다.

180

고려(高麗)

[18-1]　　　　[18-2]

[18-3]

[19] 발: 왼발 그대로, 오른발을 조금 당긴다.
　서는 방법: 우측 앞서기
　팔: 양손을 교차시켜 우측 하단으로 보내기.
[20] 발: 왼발을 1보 전진시키고, 왼쪽 손바닥으로 눌러 받은 다음, 오른발을
　　　 1보 전진시킨다.
　서는 방법: 주춤서기
　팔: 왼손으로 오른쪽 주먹을 지탱하며 Ⓔ방향으로 오른쪽 팔꿈치 치기.

고려(高麗)

21 발 : 그대로
　서는 방법 : 그대로
　팔 : Ⓔ방향으로 향하여 우측 중단 손날 받기
22 발 : 그대로
　서는 방법 : 그대로
　팔 : 왼쪽 주먹 등 주먹 치기

[23-1] [23-2]

고려(高麗)

[23-3]   [24]

23 발: 왼발을 오른발 옆으로 이동시켜 양발을 교차시키고, ⓔ방향으로 옆차기를 한 다음, 몸을 좌측으로 돌린다.
　서는 방법: 찬 발을 누르고 ⓒ방향으로 향하여 앞굽이
　팔: 우측 손바닥을 위로 향하여 치는 것과 동시에, 좌측 손바닥을 우측 어깨 쪽으로 가져 간다.
24 발: 우측 발은 그대로, 좌측 발을 조금 당긴다.
　서는 방법: 좌측 앞서기
　팔: 양손을 교차시켜 좌측 하단 보내기.

[25-1]　　　　　　　　[25-2]

25 발 : 우측 발을 1보 전진시키고, 우측 손바닥으로 눌러 받은 다음, 좌측 발을 1보 전진시킨다.

　서는 방법 : 주춤서기

　팔 : 오른손으로 왼쪽 주먹을 지탱하며 ⓒ방향으로 왼쪽 팔꿈치 치기

26 발 : 오른발을 왼발에 붙인다

　서는 방법 : 모아 서기

　팔 : 양손을 양쪽으로 벌린 다음, 아랫배 앞에서 왼쪽 주먹을 오른쪽 손바닥에 붙인다. 이 때 호흡 조절을 한다.

27 발 : 오른발 뒤꿈치를 축으로 몸을 좌측으로 돌리고, 좌측 발을 ⓓ방향으로 이동시킨다.

　서는 방법 : 좌측 앞굽이

　팔 : 좌측 손날 치기나, 좌측 손날 하단 보내기

고려(高麗)

[26]　　　　　　　[27-1]　　　　　　　[27-2]

[27-1]의 뒷면　　　　　[27-2]의 뒷면

〔28-1〕의 뒷면

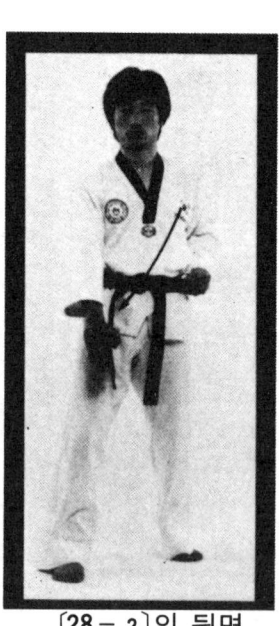
〔28-2〕의 뒷면

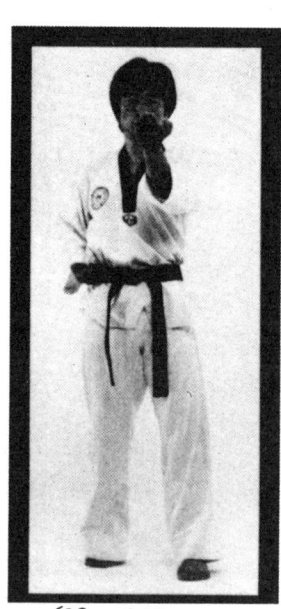
〔29-1〕의

고려(高麗)

[29-2]

[29-2]의 뒷면

28 발: 오른발을 1보 전진시킨다.
　 서는 방법: 우측 앞굽이
　 팔: 우측 손날 치기나, 우측 손날 하단 보내기
29 발: 좌측 발을 1보 전진시킨다.
　 서는 방법: 좌측 앞굽이
　 팔: 좌측 손날 치기나, 좌측 손날 하단 보내기

[30]　　　　　　　　　　[그만]

[30]의 뒷면

30 발 : 우측 발을 1보 전진시킨다.
　서는 방법 : 우측 앞굽이
　팔 : 우측 손 엄지와 인지 사이를 벌려 상대의
　　　목을 찌른다. (기합)
「그만!」으로 우측 발 뒤꿈치를 축으로 몸을 좌측으로 돌리고, 왼쪽 발을 끌어 당겨 준비 자세로 되돌아 가도록 한다.

부록(附錄)

태권도 경기의 룰

제 1 조 목적

본 경기 룰의 목적은 세계 태권도 연맹(이하「연맹」이라고 한다), 대륙별 지역 연맹 및 가맹 각국의 국내 연맹이 주최하는 모든 레벨의 경기에 관계되는 전 사항을 규제하며, 보편적 표준적인 룰의 적용을 확보하기 위함이다.

제 2 조 경기 룰의 적용

경기 룰은「연맹」·대륙별 지역 연맹 및 가맹 각국의 국내연맹이 주최하는 모든 선수권에 적용되어지는 것이다.
1. 가맹 각국의 국내 연맹 상황에 맞게, 경기 룰의 일부 수정을 희망하는 국내 연맹은 누구나 연맹 집행 위원회의 승인을 얻어야만, 그것을 행할 수 있다.
2. 자국어로 쓰여진「연맹」경기 룰의 사용을 희망하는 가맹국의 국내 연맹 또는 협회는 누구라도 번역에 관한 연맹 집행 위원회의 승인을 얻어야만 사용할 수가 있다.

제 3 조 경기장(**競技場**)

경기장은 나무 또는 유사하다고 인정되어진 재료로 덮고, 표면은 평평한 것으로 한다. 또 경기장은 12m (미터 법에 의함)사방으로 하고, 여하한 장해물이 있어서는 안된다. (제 1 그림 참조)

그러나 필요에 따라 토대에서 높이 20cm 이내의 대 위에 경기장을 만들어도 좋다.

경기장은 2가지 구역으로 나누어, 양구역 사이의 경계를 경계선이라고 부른다.
1. 경기장, 경계선, 안전 구역
   경기장의 중앙부 8m (미터 법에 의한다.)사방의 경계는 폭 7.5cm의 하얀 선으로 표시하고, 그것을 경계선이라고 부른다. 경계선 내의 구역을 시합장이라고 부른다.

경기의 룰

2. 레프리, 저지, 선수의 위치 표시
(1) 레프리의 위치 표시

경기장의 중심점에서 심사원단(경기역원)석의 반대쪽으로 1.5m 떨어진 지점에 레프리의 위치표시로써 직경 15cm 의 원을 그린다.

(2) 저지의 위치 표시

각 코너에서 50cm 떨어진 곳에 직경 15cm 하얀 원을 4 개 그려 저지의 위치 표시로써, 흑색으로 1에서 4까지의 번호를 붙인다. 심사원단(경기역원)석에서 가까운 왼쪽원에 (1) 심사원단석에서 먼 좌의 원에 (2), 심사원단석에서 먼 우의 원에 (3), 심사원단석에서 가까운 우의 원에 (4)의 번호를 표시한다.

(3) 심사원단의 위치 표시

레프리의 위치 표시에 마주하여 경계선의 중심에서 적어도 3m 떨어진 곳에, 심사원단의 위치 표시로써, 직경 15cm의 원을 그린다. 심사원단의 위치를 표시한 곳에는 테이블과 의자를 놓는다.

(4) 선수의 위치 표시

선수의 위치표시로써 시합장의 중심에서 좌, 우로 1m 떨어진 곳에 직경 15cm의 원을 2개 그린다. (좌의 원이 청 코너 우측의 원이 홍 코너이다.)

(5) 코치의 위치 표시

청 코너 선수와 홍 코너 위치의 표시에 가깝게 경계선의 중심에서 적어도 3m 떨어진 곳에, 직경 각15cm의 파란 원과 빨간 원 하나씩 표시한다. 경기장을 향하여 심사원단의 위치 표시에서 좌측에 있는 쪽을 청 코치 위치 표시, 오른쪽을 홍 코치 위치 표시라고 부른다.

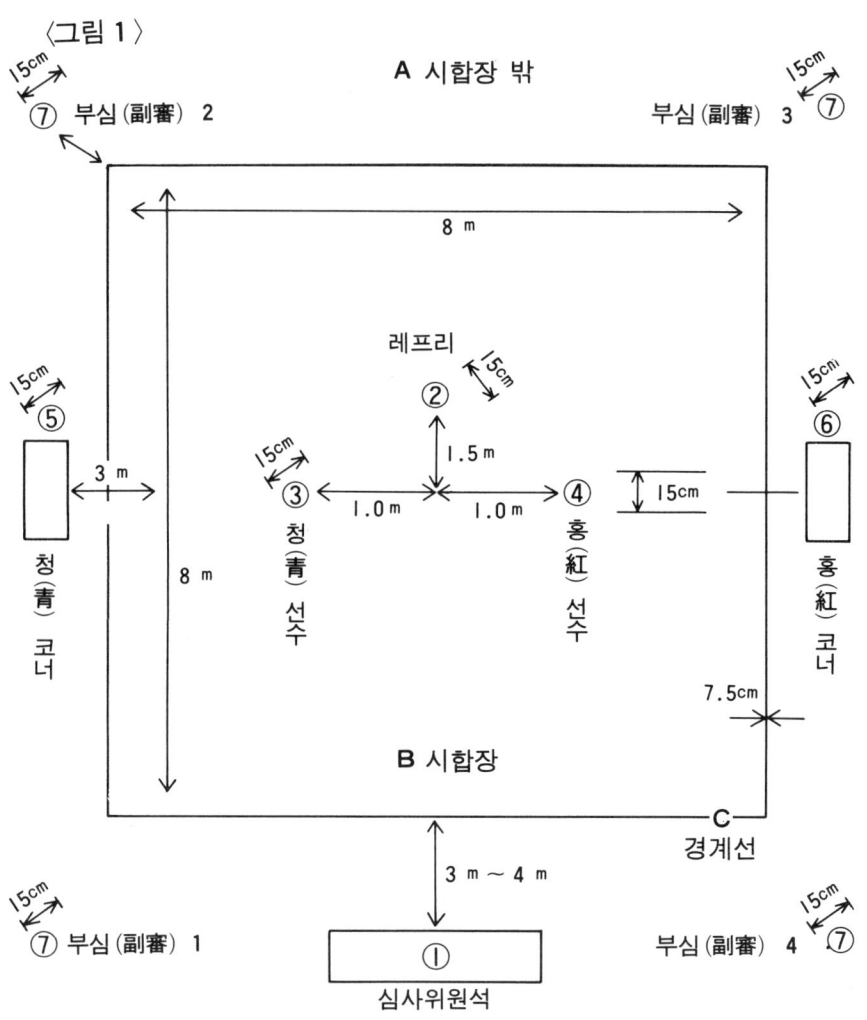

〈그림 1〉

A 는 장외, B 는 시합장, C 는 경계선이다.
①은 심사원단 석 ②는 레프리 위치 표시 ③은 청 선수의 위치 표시 ④는 홍 선수의 위치 표시 ⑤는 청 코너의 위치 표시 ⑥은 홍 코너의 위치 표시 ⑦은 저지의 위치 표시.

경기의 룰

제 4 조
1. 선수의 성격
  모든 레벨의 태권도 경기 대회에 참가하는 선수는 이하의 자격을 갖추어야 한다.
  ① 한국 국기원이 발행한 단급 증명서 소지자.
  ② 참가 팀의 국적 소유자와 그 나라 거주자.
  ③ 국내 태권도 연맹이 추천한 자.

2. 선수의 복장
  ① 선수는 「연맹」이 지정한 태권도 유니폼을 착용하고 「연맹」이 지시한 도구를 착용한다.
  ② 선수는 상의의 등에 선수 번호를 붙인다.
  ③ 선수는 다른 여하한 의복, 부속물(안경, 시계 등)을 착용해서는 안된다.

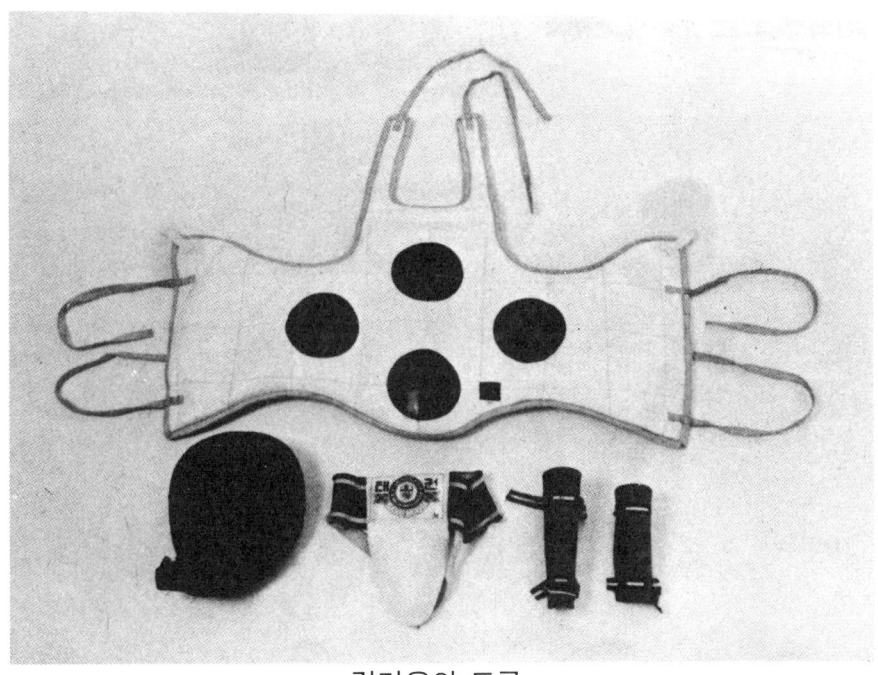

경기용의 도구

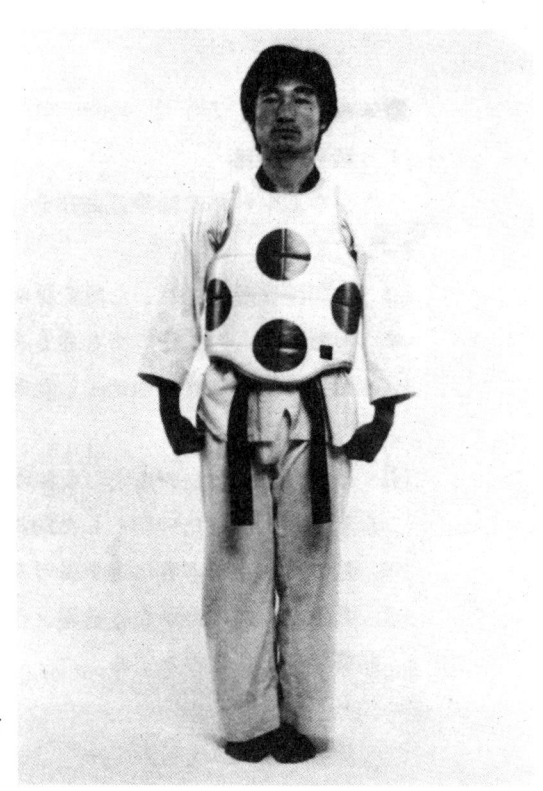

경기를 할 때에는 유니폼과
도구를 착용한다.

제5조 중량별 계급
중량별 계급은 이하의 구분에 의한다.

A. 남자의 중량 구분

〈종별〉	〈중량〉
1. 핀급	48kg 이하
2. 프라이급	48~52kg 이하
3. 벤턴급	52~56kg 이하
4. 페더급	56~60kg 이하
5. 라이트급	60~64kg 이하
6. 웰터급	64~68kg 이하
7. 라이트·미들급	68~73kg 이하
8. 미들급	73~78kg 이하
9. 라이트·헤비급	78~84kg 이하
10. 헤비급	84kg 이상

B. 여자의 중량 구별

〈종별〉	〈중량〉
1. 핀급	40kg 이하
2. 프라이급	40~44kg 이하
3. 벤턴급	44~48kg 이하
4. 페더급	48~52kg 이하
5. 라이트급	52~57kg 이하
6. **웰터급**	57~62kg 이하
7. 미들급	62~67kg 이하
8. 헤비급	67kg 이상

제6조 계량
1. 모든 중량급의 선수는 경기 기간 중에 매일 지정된 시간에, 지정된 장소에서, 체중을 재야한다. 여기서 말하는 체중이란, 맨몸으로 체중계에 올랐을 때에 나타내는 무게이다.

처음 무게는 경기 2시간 전에 재고, 경기 1시간 전에 완료한다. 그러나 연맹 집행 위원의 승인에 의해 계량 시각을 변경할 수도 있다.

제 7 조 경기의 분류와 방법

경기는 개인전과 단체전으로 나뉘며 예선 토너멘트 방식으로 행하여 진다.

1. 단체전은 중량 제한을 전혀 두지 않고 행한다. 팀의 선수는 레귤러 5명, 보결 1명으로 구성되며 각팀의 라인·업 순으로 경기를 행한다.
   다만 보결은 라인·업에 들어 있는 레귤러가 부상 했을 경우에 경기를 행할 수 있다.
2. 개인전은 중량 구분의 범위 내에서 행한다. 1위, 2위, 3위 입상자는 각 중량 구분의 결과에 따라 결정된다.
3. 개인 토너멘트 방식으로 행하는 단체전의 입상 팀은 우선 제 2항의 기재대로 행한 개인 토너멘트의 결과에 의해 개인 입상자를 선발한 후에, 사전에 정한 득점 방식에 의해 결정한다.
4. 4선수 이상이 참가하는 예선 토너멘트에서는, 2회전의 참가 선수를 4명, 8명, 16명이 되도록 하기위해 1회전에서 충분한 수의 부전승이 나오도록 한다.
   1회전에서 부전승을 한 선수는, 2회전에서는 1회전에서 싸워 이겨 2회전에 출전한 선수보다 빨리 싸우도록 한다.
   다만, 한 시합에서 3명의 선수, 또는 3팀 이상이 경기를 행하도록 한다.
   경기 방법과 우승자의 선택은 집행위원회가 실시한다.

제 8 조 추선 (抽選)

경기 스케줄의 구성은, 이하의 추선에 의해 작성된다.

추선은 「연맹」위원과 참가 대표 입회하에, 최초의 경기 하루 전에 추선을 위한 위원에 의해 행하여 진다.

추선은 「연맹」에 제출되어져 있는 대로 참가 각국의 정식 명칭 알파벳 순에 의해 행하여진다.

다만, 추선에 출석하지 않은 참가국이 있는 경우는 위원이 그 국가를 대신하여 제비를 뽑는다.

제 9 조 시합 시간

공식의 시합 시간은 3분간, 경기 3라운드와 라운드 사이에 각 1분의 휴식이 있다.

다만, 필요에 따라 시합 시간을 2분간 3라운드와 라운드 사이에 각 30초씩 쉬도록 단축하는 것도 있다.

제10조 선출 호출

선수의 이름 또는 지정 번호는 경기 개시 예정 3분 전에 공개 발표하고, 이후 1분간 간격을 두고 2번 공개 발표한다.

3회 부른 후, 1분 이내에 경기 위원 앞에 출두하지 않으면 선수는 실격이 된다.

제11조 시합의 개시와 종료.

각 라운드의 시합은, 레프리가 「시작」하고 선언하면 시작된다. 시계원의 시합시간 종료의 신호로 레프리가 「그만」하고 선언하면 끝나는 것이다.

제12조 시합개시·종료시의 위치

1. 선수는 시합장 내에 표시되있는 각선수의 위치로 되돌아가 심사원단 테이블로 향하여 선다.
2. 레프리는 시합장 내에 표시된 레프리 위치로 되돌아가 심사원단 테이블로 향하여 선다.
3. 저지는 시합장의 사각에 있는 각 저지의 의자로 되돌아 가서 시합장의 코너를 향하여 앉는다.
4. 심사원단은 레프리와 선수를 향하여 심사원단 테이블이 있는 의자에 앉는다.

제13조 시합 개시 전, 종료 후의 순서

1. 개인전의 시합 개시 전의 순서
   ① 선수는 심사원단 쪽을 향하여, 레프리의 「차렷」, 「경례」의 호령으로 기립한 채 예를 행한다.
   ② 선수는 서로 마주하고 레프리의 「좌우향 우」, 「경례」의 호령에 따라 기립한 채 예를 한다.
   ③ 레프리는 청 선수, 홍 선수의 순으로 복장 검사를 행한다.
   ④ 레프리의 「준비」, 「시작」의 선언으로 시합을 시작한다.
2. 개인전의 시합 종료 후의 순서
   ① 선수는 상호 마주하고 각각의 위치에 선다.
   ② 선수는 레프리의 「차렷」, 「경례」의 호령으로 기립하여 예를 표한다.
   ③ 선수는 레프리의 「좌우향 우」의 호령으로, 심사원단 석의 쪽으로 향한다.
   ④ 선수는 레프리의 「경례」호령으로 심사원단에게 기립한채 예를 한다.
   ⑤ 레프리는 저지로부터 득점 카드를 모아, 심사원단에게 제출하는 것이다. 레프리는 심사원단으로 부터 시합의 판정에 관한 지시를 받아, 심사원단을 향하여 양 선수의 중앙에 선다.
   ⑥ 레프리가 승자를 선언한다.
   ⑦ 퇴장.
3. 단체전의 시합 개시 전의 순서
   ① 양 팀의 선수(각 팀 5명의 선수)는 심사원석으로 향하여 사전에 제출한 팀의 선수 순으로 늘어서서 정렬한다.
   ② 양 팀의 선수는 레프리의 「경례」의 호령으로 선채 경례를 한다.
   ③ 양 팀의 선수는 레프리의 「좌우향 우」의 호령으로 서로 마주하고, 레프리의 「경례」의 호령으로 선채 경례한다.
   ④ 양 팀의 선수는 시합장에서 나와 지정된 장소에서 각 선수의 시합 순번이 오기를 기다린다.
   ⑤ 각 팀의 선수는 개인전의 항목에 기재되어 있는 것과 같은 방법으로 시합을 시작한다.
4. 단체전의 시합 종료 후의 순서
   ① 양 팀의 선수는 최후의 시합 종료직후, 서로 마주하여 시합장 내에 정렬한다.

② 양 팀의 선수는 레프리의 「차렷」, 「경례」의 호령으로 선채 경례를 한다.
③ 양 팀의 선수는 레프리의 「좌우향 우」의 호령으로 심사원단석 쪽을 향한다.
④ 레프리가 승자를 선언한다.
⑤ 퇴장

제14조 유효 득점은 아래의 기록대로 결정한다.
1. 상대의 명치·복부 또는 옆구리에 대하여, 주먹에 의한 공격이 잘 맞았을 경우 1점이 된다.
2. 상대의 안면·명치·옆구리 또는 배에 대하여 발에 의한 공격이 잘 맞았을 때 1점이 된다.
3. 상대의 음부를 뺀 그외의 부분에 대하여, 발 또는 주먹에 의한 공격이 잘 맞아서 그것에 의해 상대가 쓰러진 경우 1점을 얻는다.
4. 다음의 공격은 득점이 되지 않는다. 효과적인 공격 후 상대를 잡거나, 공격을 방해한 때.

제15조 감점 (減点)
아래 기록한 금지 행위를 선수가 행하는 경우는 1점의 감점을 받는다. (레프리는 일시 시합을 중단하고, 감점을 선언한다.)
감점은 각 라운드가 아닌 총 합계로 센다.
선수가 3번 감점을 받으면, 레프리는 그 선수를 실격에 의한 패라고 판정하고, 상대를 승자로 선언한다.
1. 쓰러진 선수를 공격하는 것.
2. 주먹에 의한 공격으로 상대의 안면에 부상을 입히는 것.
3. 버팅을 할 때.
4. 레프리가 「그만!」하고 선언한 후 고의로 공격한 때.
5. 선수 내지 코치 측에서 난폭한 어구를 말하거나 또는 좋지 않은 행동을 할 때.

제16조 경고
레프리는 선수가 아래 기록한 반칙 행위를 범하는 경우, 경고를 하여 0.5점의 감점을 한다.
경고는 각 라운드가 아닌 총합계로 센다.
선수가 6회(0.5점×6)경고를 받은 경우 레프리는 그 선수에게 감점에 의한 패를 선언한다.
1. 상대를 밀어 제치는 경우.
2. 상대에게 등을 보이며, 싸우지 않을 때.
3. 경계선에서 고의로 장외로 나가는 경우.
4. 무릎으로 공격할 때.
5. 상대를 던져 쓰러뜨리는 것.
6. 부상이 되는 행위.
7. 경계선 주변을 계속 도는 것.
8. 음부를 고의로 공격할 때.
9. 어깨나 몸으로 상대를 누르는 것. 또는 상대를 누르는 것.
10. 고의로 넘어지는 것.
11. 주먹으로 상대의 안면을 공격하는 것.
12. 선수 내지 코치 측에서 좋지 않은 불평이나 나쁜 품행을 보일 때,

제17조 판정 (判定)

판정은 아래 기록대로이다.
1. 실격에 의한 승리
2. 퇴장에 의한 승리
3. 부상에 의한 승리
4. 넉 아웃에 의한 승리
5. 체중 초과에 의한 승리
6. 득점에 의한 승리
7. 감점에 의한 승리
8. 우세 승리

제18조 넉 다운 후의 처치

선수가 규칙에 맞는 공격에 의해 시합장 내에 쓰러진다든가 뒹굴고 있는 경우, 레프리는 다음의 처치를 한다.
1. 레프리는 공격한 선수를 멈추게 하고, 각 선수를 떼어 놓는다.

경기의 룰

열기에 찬 시합광경

2. 레프리는 시간의 경과를 손으로 신호 하면서 1초 간격으로 「하나」(1)에서 「열」까지 소리내어 카운트한다.
3. 쓰러진 선수가 열의 최후 까지 일어나지 않는 경우 레프리는 상대 선수에게 KO승을 선언한다.
4. 쓰러진 선수가 카운트 「여덟」에서 일어나, 「열」까지 자신의 선수위치에서 전의를 되찾은 경우, 레프리는 동선수의 회복을 인정하여 「계속」이라고 공개 발표하여 시합을 계속시킨다.
5. 라운드 또는 시합 시간 종료시의 넉 다운은, 그것에 상관없이 카운트를 계속하여, 레프리는 쓰러진 선수의 상대 선수에게 KO승을 선언한다.
6. 양 선수 모두 쓰러지고 한쪽이 일어난 경우, 레프리는 또 하나의 선수가 여전히 쓰러져 있으면 카운트를 계속한다.
7. 양 선수 모두 쓰러져 「열」을 셀 때까지 일어나지 않는 경우, 넉 다운 이전의 득점에 의해 승자를 판정한다.

8. 레프리는 안면에 대한 공격에 의하여 쓰러진 선수를 당 대회에서 지정한 의사에게 진찰시킨다.
9. 금지 행위에 의한 KO의 경우, 레프리는 다음의 처치를 한다.
   ① 선수가 주먹에 의한 안면 공격으로 쓰러진 경우, 레프리는 공격한 선수를 패자라고 판정한다.
   ② 선수가 음부에 대한 공격으로 쓰러진 경우, 레프리는 동선수를 패자로 판정한다. 단, 음부 공격이 고의로 행해진 것이라고 판정된 경우, 레프리는 공격한 선수를 패자라고 판정하는 것이다.
      레프리가 자기 자신의 판단에 의해 판정하기가 어려운 경우
      ⓐ 레프리는 경기장에 있는 의사 (의학 심사원)의 의견을 구해 판정해도 좋다.
      ⓑ 레프리는 저지의 협의에 의해 승자를 결정한다.

제19조 부상에 의한 시합 중단에 대한 처치

선수의 한쪽 또는 양쪽의 부상에 의해 시합이 중단되는 경우, 레프리는 시합을 중단시키고 다음과 같은 처치를 한다.
1. 레프리는 「시간」이라고 선언하고 계시원(計時員)의 계시(計時)를 중단시킨다.
2. 레프리는 부상의 상태를 확인하여 시합을 재개할 수 있는가 없는 가의 결정을 한다.
3. 시합 재개(再開)가 불가능한 경우
   ① 레프리는 부상의 원인이 된 선수를 패자라고 판정한다.
   ② 레프리가 자신 혼자만으로 어느 쪽이 부상의 원인인 가를 결정하기 어려울 때는, 부상 이전의 득점에 기초하여 승자를 결정한다.
4. 응급 처치 후에 시합을 재개하는 경우
   ① 레프리는 선수가 1분 내에 응급 처치를 받을 것을 허가한다.
   ② 레프리를 1분 경과 후에 시합 속행의 의사 표시를 하지 않는 선수를 패자라고 판정한다.
5. 레프리가 자신의 판단만으로는 결정이 곤란한 경우
   ① 레프리는 승자를 결정하기 위하여 경기장에 있는 의사(의학 심사원)에게 의견을 구한다.

②레프리는 저지와 협의한 다음 승자를 결정한다.

제20조 심판원(레프리·저지·심사원단)
1. 자격
   ① 각급의 국제 심사원 자격 증명서 소지자
   ② 1급 국제 심사원 자격증 소지자는 심사원으로써, 2급 자격증 소지자는 레프리로써, 3급 소지자는 저지로써 심사할 수가 있다.
   다만, 필요하다면 기술 위원회의 결정에 의해 상기(上記)의 급 제한을 배제해도 좋다.
   ③ 누구든지 참가국 팀의 구성원이어서는 안된다.
2. 임무
   ① 레프리
      ⓐ 레프리는 경기를 관리하고 시합을 개시, 종료, 경고, 감점, 승리나 패배의 결정, 퇴장 명령, 계시 중단 명령을 선언하고, 득점 무효를 나타내는 신호를 손으로 보내는 등 경기 주도권을 갖는다.
      ⓑ 레프리는 시합 종료 후, 저지로 부터 득점 카드를 모아 자기 자신의 카드와 함께 그것을 심사원단에게 제출하는 것이다.
      ⓒ 심사원단으로 부터 요청된 경우, 레프리는 결정, 감점, 경고 등에 대하여 의견을 편다.
   ② 저지
      ⓐ 저지는 득점, 감점, 경고를 곧 기록한다.
      ⓑ 저지는 시합 종료 직후에 레프리에게 득점 카드를 건네 준다.
      ⓒ 심사원단 또는 레프리로 부터 요청받은 경우, 저지는 특정의 득점, 경고, 감점에 대하여 자신의 의견을 편다.
   ③ 심사원단
      ⓐ 레프리의 경고, 감점이나, 레프리와 저지의 득점 카드를 확인한 후, 심사원단은 승자를 결정한다.
      ⓑ 심사원단은 틀린 결정을 수정하는 권리를 갖는 것과 함께, 레프리 내지 저지의 교대를 집행 위원회 또는 유사 목적을

위해 다른 조직체에 요청하는 권리를 갖는다.
3. 심판원의 결정 책임
심사위원회가 행한 결정은 절대적인 것으로, 그것에 대한 항의는 소정의 절차를 거쳐 정식으로 제출해야 한다.

제21조 심사원의 구성과 할당

1. 심판원은 레프리 1명, 저지 4명, 심사원단 2명으로 구성 된다.
   다만, 필요에 따라 심판원은 레프리 1명, 심사원 1명으로 구성해도 좋다.
2. 심판원의 할당은 경기 스케줄을 정한 후에 행해지며 시합의 1시간 전에, 할당된 역원에서 통지한다.
3. 심판의 중립성과 공평한 결정을 보호하기 위해, 선수와 같은 국적 또는 국내 연맹에서의 심판원은 그 시합에서 심판해서는 안 된다. 필요에 따라, 상기(上記)규칙을 부분적으로 수정할 수 있다.
   단, 선수와 같은 국적의 레프리는 그 시합에서 심판해서는 안 된다.

제22조 본 룰에 규정되어 있지 않은 다른 사항

본 룰에 규정되어 있지 않은 사항이 일어날 경우, 그것은 다음과 같이 처리한다.
1. 그 사항이 경기에 관계된 경우, 심판원의 합의(合意)에 따라서 처리한다.
2. 그 사항이 경기에 관계되지 않은 경우, 집행위원회의 합의에 따라 처리한다.

〈부칙〉
본 경기 룰은 1977년 10월 1일부터 시행되어지고 있다.

```
판 권
본 사
소 유
```

현대 태권도 교본

2015년 5월 25일 재판
2015년 5월 30일 발행

지은이 | 현대레저연구회
펴낸이 | 최 상 일
펴낸곳 | 태 을 출 판 사
서울특별시 중구 동화동 52-107(동아빌딩내)
등 록 | 1973 1.10(제4-10호)

ⓒ2009. TAE-EUL publishing Co.,printed in Korea
※잘못된 책은 구입하신 곳에서 교환해 드립니다

■ 주문 및 연락처
우편번호 100-456
서울 특별시 중구 동화동 제52-107호(동아빌딩내)
전화: 2237-5577 팩스: 2233-6166

ISBN 978-89-493-0473-1   13690

현대인의 건강과 행복을 추구하는

최신판 「현대레저시리즈」

계속 간행중

각박한 시대 속에서도 여유있게 삽시다!!

현대브레이크댄스
*완벽한 사진 해설로 엮어진 최신 아메리칸 브레이크 댄스의 모든 것을 보여주는 가이드!

현대카메라교본
*현대인의 필수 상식, 멋진 사진을 찍는 법, 현대 카메라 기술의 모든 것!

현대지압마사지법
*쌓이는 스트레스와 피로를 시원하게 풀어주고, 성인병·현대병 치료에 특효 처방법!

현대단전호흡법
*죽음의 병인 암(癌)까지도 치료하는 중국 3천년의 호흡건강법의 모든 것!

현대수영교본
*초보에서부터 시작하여 올림픽 메달리스트가 될 수 있는 수영 기법의 최고 가이드!

현대요트교본
*젊음과 패기로 도전하는 인생의 승부, 바다와 낭만, 상쾌하고 멋진 요트 셀링의 모든것!

현대쿵후교본
*부드러움 속에 강함이 있다는 중국무술의 대명사 통후 권법의 모든 것! 사진 해설판!

현대창술입문
*불의의 재난과 위기에서 자신을 구하는 비전의 무예, 현대 창검술의 모든 것!

현대봉술교본
*만년필 한 개로 열 명의 적을 퇴치한다! 첨단과학 시대의 가공할 원시무기인 봉술!

현대피겨스케이트교본
*환상의 스케이트, 남녀노소 누구나 즐길수 있는 얼음판의 기예(技芸), 스케이트!

현대스키입문
*눈밭을 달리는 환상적인 스키어! 당신도 일류 스키어가 될 수 있다.! 사진 해설판!

현대탁구교본
*정확한 판단력과 올바른 자세, 순간적인 감지력과 민첩성을 길러주는 실내 스포츠!

현대등산교본
*산이 있는 한 인생은 외롭지 않다. 젊음의 상징, 록 클라이밍의 모든 것! 사진 해설판!

*이상 전국 각 서점에서 지금 구입하실 수 있습니다.

太乙出版社

■주문 및 연락처
서울 중구 신당6동 52-107(동아빌딩 내)

전화 : 2237-5577
팩스 : 2233-6166